中国著名石窟

徐 潜 \ 主 编

吉林文史出版社

图书在版编目（CIP）数据

中国著名石窟 / 徐潜主编 . —长春：吉林文史出版
社，2013.4（2023.7 重印）

ISBN 978-7-5472-1554-8

Ⅰ. ①中… Ⅱ. ①徐… Ⅲ. ①石窟-中国-青年
读物 ②石窟-中国-少年读物 Ⅳ. ①K879.2

中国版本图书馆 CIP 数据核字（2013）第 068657 号

中国著名石窟
ZHONGGUO ZHUMING SHIKU

主　　编　徐　潜
副 主 编　张　克　崔博华
责任编辑　张雅婷
装帧设计　映象视觉
出版发行　吉林文史出版社有限责任公司
地　　址　长春市福祉大路 5788 号
印　　刷　三河市燕春印务有限公司
版　　次　2013 年 4 月第 1 版
印　　次　2023 年 7 月第 4 次印刷
开　　本　720mm×1000mm　1/16
印　　张　12
字　　数　250 千
书　　号　ISBN 978-7-5472-1554-8
定　　价　45.00 元

序　言

民族的复兴离不开文化的繁荣,文化的繁荣离不开对既有文化传统的继承和普及。该书就是基于对中国文化传统的继承和普及而策划的。我们想通过这套图书把具有悠久历史和灿烂辉煌的中国文化展示出来,让具有初中以上文化水平的读者能够全面深入地了解中国的历史和文化,为我们今天振兴民族文化,创新当代文明树立自信心和责任感。

其实,中国文化与世界其他各民族的文化一样,都是一个庞大而复杂的"综合体",是一种长期积淀的文明结晶。就像手心和手背一样,我们今天想要的和不想要的都交融在一起。我们想通过这套书,把那些文化中的闪光点凸现出来,为今天的社会主义精神文明建设提供有价值的营养。做好对传统文化的扬弃是每一个发展中的民族首先要正视的一个课题,我们希望这套文库能在这方面有所作为。

在这套以知识点为话题的图书中,我们力争做到图文并茂,介绍全面,语言通俗,雅俗共赏。让它可读、可赏、可藏、可赠。吉林文史出版社做书的准则是"使人崇高,使人聪明",这也是我们做这套书所遵循的。做得不足之处,也请读者批评指正。

编　者

2014 年 2 月

目　录

敦煌莫高窟

敦煌莫高窟是甘肃省敦煌市境内的莫高窟、西千佛洞的总称，是我国著名的四大石窟之一，也是世界上现存规模最宏大、保存最完好的佛教艺术宝库。敦煌石窟艺术是集建筑、雕塑、绘画于一体的立体艺术，古代艺术家在继承中原汉民族和西域兄弟民族艺术优良传统的基础上，吸收、融合了外来的表现手法，使其发展成为具有敦煌地方特色的、体现中国民族风俗的佛教艺术品，是人类的文化宝藏。

一、概　述

公元前 2 世纪，汉武帝派张骞出使西域，打开了通向中亚、西亚的陆上交通"丝绸之路"。千百年来黄河弥漫的丝路之路记载了中西文化交流和友好往来。而敦煌，地处丝路南北三路的分合点，当年曾是一座繁华的都会，贸易兴盛，寺院遍布。佛教从印度传入中国后，与中华传统文化融合，沿路留下了大量的石窟文化遗产，其中以莫高窟为主体的敦煌石窟规模最大，延续时间最长，内容最丰富，保存也最完好。

（一）敦煌的历史

历史上的敦煌，是月氏、乌孙、匈奴等民族集散的大舞台，是世界四大古老文明的集结地，著名学者季羡林曾经说过："世界上历史悠久、地域广阔、自成体系、影响深远的文化体系只有四个：中国、印度、希腊、伊斯兰，再没有第五个。而这四个文化体系汇流的地方只有一个，就是中国的敦煌和新疆地区，再没有第二个。"东汉地理学家应劭解释敦煌为："敦，大也；煌，盛也。"大和盛就是开拓和发达，概括了敦煌的历史地位和状况。

敦煌自西汉起即为西域重镇，"丝绸之路"的畅通也使得中国和中亚及西方诸国的商业、文化交流得以发展，佛教和佛教艺术即是循此路线，经敦煌传入中国的。西汉汉武帝正式设立敦煌郡后，下设玉门、阳关、中部、宜禾四个都尉，分别镇守敦煌境内的南北两条丝绸古道。此时的敦煌郡，拥有相当今日新疆东部边缘、敦煌市、安西、肃北、阿克塞等地，人口将近四万。

无论是西汉的张骞还是东汉的班超，汉代的丝绸之路都是从长安出发，一路向西延伸到敦煌，至少分开南北两条路，北道出玉门关，南道出阳关，通往西域各国。不管东来西往，敦煌都是必经之地。外国使节、僧侣、商贾，在这里等候签发通行证。有的停留在敦煌学习风土人情和汉语。有的就在敦煌开店设市，将货物易手。而西去的使节、官吏、戍卒也要在此筹备粮草、熟悉西域语言，做好出国的各种准备工作。位处绿洲的敦煌正好款待东来西往的人们，无形中就成了东西方政治、经济、文化交流的中心，成了丝绸之路上最大的通商口岸和国际贸易市场。

三国时代，中西交流十分频繁，至唐代更为鼎盛，据说每天有早、中、晚三次集市，买卖十分兴隆。此时莫高窟壁画中出现了许多西域使者、商人、僧侣的形象，如45窟的《胡商遇盗图》。北魏、西魏和北周时，统治者崇信佛教，石窟建造得到王公贵族们的支持，发展较快。隋唐时期，随着丝绸之路的繁荣，莫高窟更加兴盛，在武则天时更是发展到千余个洞窟。安史之乱后，敦煌先后由吐蕃和归义军占领，但造像活动未受太大影响。宋元以后，随着海上航道的发现和利用，陆上丝绸之路逐渐衰落。加之敦煌地区战乱频繁，几番衰落。到明正德十一年（1516年），明政府迁徙沙州百姓至肃州境内，划嘉峪关而守，敦煌被孤悬关外，旷无建置二百年，田园荒芜，作为国际大都市的敦煌从此式微。元朝以后，随着丝绸之路的废弃，莫高窟也停止了兴建并逐渐湮没于世人的视野中。

据统计，从十六国、北魏、西魏、北周、隋、唐、五代、宋、西夏、元、明到清朝的一千五百年间，三华里长的鸣沙山壁上，密密层层地建造了四百八十多个洞窟，布满了彩塑佛像和以佛教故事为题材的壁画四万五千多平方米。彩色佛像共有两千余身，最大的一个高达三十三米。壁画的技巧之高超、数量之惊人、内容之丰富，是当今世界上任何宗教石窟、寺院或宫殿都不能媲美的。如果一方方连接起来，可排成五十多华里长的画廊，是世界上最长、规模最大、内容最丰

富的一个画廊。

踏入近代，随着敦煌藏经洞震惊中外的大发现，敦煌石窟艺术及文物价值获得高度重视，敦煌学受到国际学者重点关注，敦煌的人文、自然及文物景观又再次吸引四面八方的来客，敦煌在古丝绸之路上再度崛起。有人说，敦煌是多种文化融汇与撞击的交叉点，因为中国、印度、希腊、伊斯兰文化曾在这里碰撞出火花；有人说，敦煌是艺术的殿堂，理由来自那些4—11世纪的壁画和雕像；还有人说，敦煌是文献的宝库，这里蕴藏的数以万计的赤轴黄卷足以让世人惊叹。然而敦煌究竟是什么，恐怕只有来过这里的人才能真正的体会到。

（二） 敦煌的战略地位

敦煌地处河西走廊的最西端，是中原通往西域乃至欧州的唯一通道，是古丝绸之路的咽喉要地。在南朝被记为"华戎所交——大都会"，确实是很准确的评价。自西汉张骞出使西域后，即成为东西交通的枢纽，并逐渐演化为印度健陀罗文化、希腊文化和中原文化三大文化的汇合地。

敦煌是古丝绸之路上的名城重镇，她在历史上的地位，就相当于当今的香港、上海，是一个现代化的国际大都会和重要的通商口岸，在国际贸易、文化交流中起着其他城市无法替代的重要作用。

公元前11世纪敦煌已有少数民族居住，据《史记·大宛列传》记载，月氏族居于敦煌与祁连之间，"敦煌"一名就从此明确见于史册之上。多少人曾经踏着文明的碎片，寻着丝绸之路的印迹来到这片地方。张骞出使西域以后，丝绸之路商贸往来逐渐繁盛，作为古代丝绸之路上中原进入西域的最后一个重镇，敦煌的地位可想而知。除了历史交通要道，由莫高窟、西千佛洞、安西榆林窟等六百余个石窟组成的敦煌石窟文化也是中国乃至世界的无价之宝。美国《时代周刊》曾经评价敦煌"是世界佛教题材的艺术聚集地"。五万多平方米的壁画，近三千身彩塑，加上各种已挖掘和未挖掘的地下墓葬，使得这里成了艺术家、史学家和考古学家们的"淘宝"之地。

十六国时期，敦煌先后归属于前凉、前秦、后凉、西凉和北凉五个政权。376年，前秦苻氏灭前凉张氏，并控制了河西地区，为了巩固西域的基地，苻坚在385年迁江汉百姓一万户及中原百姓七千余户到敦煌。大批中土百姓西迁，给敦煌土地开发和经济发展带来了生气。直到魏晋南北朝时期，中原战火纷飞，不少大族和有识之士纷纷迁居河西以避战乱，同时，中原的文化、学问都传到了西域，促使河西走廊的文化得到前所未有的发展。这条中西交往的孔道，亦逐渐为人所熟悉。

前凉、西凉和北凉的统治者，都十分注重尊重、保护有识之士，为他们教授生徒和著书立说提供了良好的条件。敦煌效谷人宋纤就有受业弟子三千余人，还有一大批著名学者，如郭瑀、刘昞、宋繇、张湛等。他们的某些著作曾传写到南朝，有些人则由北凉入北魏，为魏、周乃至隋、唐制度的形成与文化的发展作出了贡献。可见当时敦煌的汉文化已达相当的水平。

大概从汉末到魏晋时期，随着中原士族的到来和敦煌当地的文化水平日渐提高，佛教很快就在这里传播开来。五凉的动乱、北魏与蒙古柔然的战争等，干戈四起，这也加速了佛教在敦煌民众间的流传和发展。

（三）敦煌莫高窟

相传366年，有位叫乐僔的僧人云游到鸣沙山东麓脚下，此时，太阳西斜，夕阳照射在对面的三危山上，他举目观看，忽然间他看见山顶上金光万道，仿佛有千万尊佛在金光中闪烁，又好像香音神在金光中飘舞。一心修行的乐僔被这奇妙的佛光影景象感动了，他认为这就是佛光显现，此地是佛祖的圣地。于是乐僔顶礼膜拜，决心在这里拜佛修行，便请来工匠，

敦煌莫高窟

5

在悬崖峭壁上开凿了第一个洞窟。此后法良禅师等又继续在此建洞修禅，称为"漠高窟"，意为"沙漠的高处"。后世因"漠"与"莫"通用，便改称为"莫高窟"。

1. 战乱中的净土

4世纪，中原战火不断，河西地区则相对安定；因此，从内地去的僧人在此开始了石窟的营建。

6世纪末，隋王朝的建立结束了长期的战乱和分裂，同时也加强了对西北的经营。由于隋朝的皇帝都崇奉佛教，所以尽管只有短短的三十七年，但莫高窟在数量和规模上都达到了非常可观的程度。唐代是中国封建社会的高峰期，也是中国历史上文化交流最活跃的时期，莫高窟的营建也得到了飞速的发展，仅至武周圣历元年（698年），即已有"窟室一千余"。五代时期及宋代，河西地区相对稳定，当地统治者及僧、民又开凿了许多洞窟，并对前代洞窟进行了全面维修。西夏统治期间，几乎没有开凿洞窟，仅是对以前的石窟加以改建或修补。元代，密宗佛教盛行，所以期间开凿的石窟均带有密宗色彩。此后，由于"丝绸之路"的沉寂，敦煌失去了其重要地位，石窟的开凿也趋于停止。在吐鲁番统治时期（1516—1715年），莫高窟，尤其是窟内塑像，遭到了严重的破坏。20世纪初，帝国主义者的巧取豪夺，使莫高窟又一次遭受了浩劫。

2. 洞窟的开凿

按照开凿时间划分，十六国及北朝初期是洞窟的开凿前期，保存至今的共有40窟，形制分为供僧人居住、修禅的禅窟，带中方柱的塔庙式窟和方形平面的佛堂式窟三种。窟顶前部为人字坡，并画出木结构和卷草形式；后部为平顶，也绘有木结构形式，并缀以飞天等图纹；四壁绘有表现佛教题材的壁画。这一时期的塑像，本尊以释迦牟尼佛和弥勒菩萨为主，组合一般是一佛、二菩萨；或一佛、二罗汉、二菩萨；一佛、二天王，也有个别是单独一躯佛或弥勒像的。佛像躯体健壮，面相丰满，鼻梁高隆直抵额际。佛像身着偏袒右肩式或通肩式土红色僧伽梨，但过分强调衣饰的装饰色彩，仅在细节上有一些现实性手法。

中国著名石窟

虽然佛和菩萨都来自异域，而且造型比例及衣着等都有严格规定，但中国的雕塑工匠依然在尊重这些规定的基础上，结合自己的生活感受和审美情趣，将他们巧妙地本地化，使其在原有的犍陀罗艺术风采外，带有鲜明的中国文化特色，形成了中国式的佛教形象。在北朝后期，佛像的造型更加丰腴浑厚，面相圆润俊秀，修眉细目，面带微笑，相当人性化。由于莫高窟所在的鸣沙山属玉门系砾岩，极其粗松，便于开凿洞窟但不宜于雕造佛像，因此，泥塑在敦煌石窟中占主要地位，但形式上仍未摆脱洞窟石雕、摩崖造像的格式。此时期石窟的代表为第267—271窟、275窟、259窟、285窟等。

隋唐时期，是敦煌艺术的鼎盛时期，开凿的洞窟数以千计，仅保存至今的就有298个。隋朝的洞窟，在形制上承袭了北朝的前后结构，但龛略深，置一佛、二罗汉（迦叶、阿难）、二菩萨，有的还有天王和力士形象。由于龛室的加深，罗汉及菩萨像已经不再都是贴壁的"高浮雕"，而多是脱离壁面的"圆雕"了，尺寸也有所加大，造型更趋世俗化，但雕塑艺术中的立体造型手段尚未得以充分发挥。此时期的代表为第206窟。唐朝的洞窟多为正方覆斗状顶的殿堂式，后壁开一大龛，深宏如厅堂，中置须弥坛，上设佛像。塑像组群一般为一佛、二罗汉、二菩萨、二供养天、二天王（天王足下踏有小鬼）、二力士。佛居于中心位置，女性特征明显，体态丰腴，面容慈祥；头梳螺髻，手作说法印或无畏印，身着土红色通肩式袈裟，袒胸覆足，衣褶线条流畅优美，尤其是下摆褶纹，生动刻画出丝织袈裟的柔软光滑，并透露出衣饰下的肌体美，使塑像的内在与外涵得以完美统一，充分显现了唐代工匠的高超技艺。组群中的其他形象也各具特色：菩萨、供养天均为少女形象，温柔典雅，显得既妩媚艳丽又高贵、不容亵渎；罗汉像为一老一少，即迦叶和阿难，生活气息浓厚，形貌和性格特征显著多样；天王像孔武有力、盔甲严整，力士像凶猛暴烈、肌肉鼓突，都表现出一种力量的美。这些雕像虽然各有特色，但却准确地统一在一个鲜明的题材下，丝毫不显杂乱。此时期的雕像，普遍进行了彩色金箔妆銮，被称为"彩塑"，

与周围斑斓的壁画一起，构成了奇妙的艺术场景。这时期的代表为第 322、220、328、46、45、130、194、225、158 等窟。

　　自五代起，由于"丝绸之路"趋于冷落，敦煌地区的开窟造像活动也日渐冷落，而且在艺术水平上并无长足改进，甚至显得僵硬空虚。持续至明代，由于海上交通的发展，地处内陆的敦煌失去了往日的兴盛，开窟活动也终止了。

　　敦煌石窟系统地保存了从十六国到元代近千年间佛教塑像的发展序列，和敦煌壁画、敦煌文物一起形成了一门世界性的独立学科——敦煌学。因此，敦煌不仅是中国艺术的宝库，也是全人类文明的结晶。

中国著名石窟

二、莫高窟的艺术特色

敦煌石窟艺术是集建筑、雕塑、绘画于一体的立体艺术。古代艺术家在继承中原汉民族和西域兄弟民族艺术优良传统的基础上，吸收、融合了外来的表现手法，创造了具有敦煌地方特色的中国民族风俗的佛教艺术品，为研究中国古代政治、经济、文化、宗教、民族关系、中外友好往来等提供珍贵资料，是人类文化的宝藏和精神财富。

莫高窟是一座融绘画、雕塑和建筑艺术于一体，以壁画为主、塑像为辅的大型石窟寺。这里的建筑风格以保存完好的五座唐宋木构窟檐和一些宋元土木古塔为标志性建筑。由于时代不同，石窟形制呈现出五种不同的特色，主要有：禅窟（即僧房）、塔庙窟（即中心窟）、殿堂窟、佛坛窟、大佛窟（即涅槃窟）。各窟大小相差甚远，最大的第16窟达268平方米，最小的第37窟高不盈尺。窟外原有木造殿宇，并有走廊、栈道等相连，当然，现在大多数已经因人为破坏和时代变迁而不存在了。

其实从莫高窟完全可以看出，人们追捧敦煌和敦煌艺术还有另一个重要原因。敦煌艺术不仅是一部中西文化交流的历史，同样可以称为一部"佛教东传的历史"，它甚至从一个侧面反映出了中国古代社会发展的过程，成为一部留在戈壁上的"历史卷轴"。仔细观察可以发现，不同历史时期壁画存在的差异：隋唐以前的作品，人物体貌高大，身着羊肠裙的菩萨明显带有异域风情，体现佛教传入中国之初，尚未与中华文化完全融合的特征。而隋唐以来的作品，充分融入中土的风格，形成了中西合璧的艺术风格。很多人认为，用"海纳百川，有容乃大"来形容敦煌的艺术再贴切不过了。

如果按照敦煌研究院的报告型刊物《敦煌研究》的说法，敦煌壁画分类极细，主要可以分为佛像画、经变画、民族传统神话题材、供养人画像、

装饰图案画、故事画和山水画七个大类。而这些壁画中最具代表性，且被重复次数最多的造型当属"飞天"。敦煌的飞天是印度文化、西域文化和中原文化共同孕育成的。传说中，"飞天"是侍奉佛陀和帝释天的神，能歌善舞。墙壁之上，飞天在无边无际的茫茫宇宙中飘舞，有的手捧莲蕾，直冲云霄；有的从空中俯冲下来，势若流星；有的穿过重楼高阁，宛如游龙；有的则随风悠悠漫卷。画家用特有的蜿蜒曲折的长线、舒展和谐的意趣，为人们打造了一个优美而空灵的想象世界。炽热的色彩，流动的线条，在这些西北画师工匠们对理想天国热烈和动情的描绘里，轻易地就可以感受到他们在大漠荒原上纵骑狂奔的不竭激情，或许正是这种激情，才孕育出壁画中那样张扬的想象力。

（一）建筑艺术

1. 洞窟

保存有绘画、彩塑的洞窟中，有禅窟、殿堂窟、塔庙窟、穹隆顶窟、影窟等形制，还有一些佛塔。窟型最大者高 40 余米、宽 30 米见方，最小者高不足盈尺。早期石窟所保留下来的中心塔柱式这一外来形式的窟型，反映了古代艺术家在接受外来艺术的同时，加以消化、吸收，使它成为我国的民族形式。其中不少是现存古建筑的杰作。

2. 藏经洞

位于古丝绸之路河西走廊的莫高窟诸多洞窟中，最为驰名的首推藏经洞——第 17 窟。当你站在洞窟门前，望着这小小的石室，定会思绪万千。里面曾经堆置的 5 万卷震惊中外学术界的经卷、遗书，是什么时候、什么人、由于何种原因存放的？何时将洞门封住，轻松地抹上泥皮，绘上了壁画？

藏经洞是清光绪二十六年五月二十六日（1900 年 6 月 22 日）由敦煌莫高窟主持王道士（王圆箓）发现的，王圆箓为了将已被遗弃许久的部分洞窟改建为道观，而进行大规模的清扫。当他在为第 16 窟（现编号）清除淤沙时，偶然发现了北侧甬道壁上的一个小门，打开后，出现一个长宽各 2.6 米、高 3 米的方形窟室（现编号为第 17 窟），内有从 4 世纪到 11 世纪（即十六国到北宋）的历代文书和纸画、绢画、刺绣等文物 5 万多件，这就是著名的"藏经洞"。藏经洞的内壁绘菩提树、比丘尼等图像，中有一座禅床式低坛，上塑一位高僧洪警的坐相，另有一通石碑，似未完工。从洞中出土的文书来看，最晚的写于北宋年间，且不见西夏文字，因此可推断藏经洞是 11 世纪时，莫高窟的僧人们为躲避西夏军队，在准备逃难时所封闭的。

洞内藏有文物 5 万多件，这些珍贵文献用多种文字记载，有汉文、藏文、梵文、龟兹文、粟特文、突厥文、回鹘文、康居文等，简直是一个内容丰富的古代博物馆。

藏经洞是中国考古史上一次非常重大的发现，其出土文书多为写本，少量为刻本，汉文书写的约占六分之五，其他则为古代藏文、梵文、齐卢文、粟特文、和阗文、回鹘文、龟兹文等。文书内容主要是佛经，此外还有道经、儒家经典、小说、诗赋、史籍、地籍、账册、历本、契据、信札、状牒等，其中不少是孤本和绝本。这些对研究中国和中亚地区的历史，都具有重要的史料和科学价值，并由此形成了一门以研究藏经洞文书和敦煌石窟艺术为主的学科——敦煌学。

3. 九层楼

在九层楼前地面 1.5 米以下，发现有唐代的四个柱础和两个柱础窝，以及保存完整的大殿山墙地基和供进入大殿的南北各两级台阶。另外，在唐代殿堂遗址以上 30 公分处，是西夏时期的殿堂遗址、西夏瓷碗、灯碗，以及据推测可能分属元、清时期的殿堂遗址。据史料记载，莫高窟九层楼始建于初唐武则天时期（695 年），初为四层建筑。后经历朝历代多次损毁重建。现存窟檐，建于 1928—1935 年。至于历史上九层楼殿堂大小及内部情况，既无记载也无图片，今人无法知晓。

（二）彩塑艺术

莫高窟的彩塑多属佛教人物及其修行涅槃事迹的造像。因为莫高窟的岩质疏松，无法进行雕刻，工匠们用的是泥塑。唐朝以前的泥塑在其他地方很少保存下来，因此莫高窟的大量彩塑更为珍贵难得。

彩塑为敦煌艺术的主体，有佛像、菩萨像、弟子像以及天王、金刚、力士、神等。彩塑形式丰富多彩，有圆塑、浮塑、影塑、善业塑等。最高 34.5 米，最小仅 2 厘米左右（善业泥木石像），题材之丰富和手艺之高超，堪称佛教彩塑的博物馆。17 窟唐代河西都僧统的肖像塑，及塑像后绘有持杖近侍等，把塑像与壁画结为一体，为我国最早的高僧写实真像之一，具有很高的历史和艺术价值。

另外还有民族传统神话题材及各种各样的装饰图案。从壁画中，可以看到各民族各阶层的各种社会活动，如帝王出行、农耕渔猎、冶铁酿酒、婚丧嫁娶、商旅往来、使者交会、弹琴奏乐、歌舞百戏……世间万象，林林总总。

（三）壁画艺术

敦煌石窟艺术中数量最大、内容最丰富的部分是壁画，最广泛的题材是尊像画，即人们供奉的各种佛、菩萨、天王及其说法相等；佛经故事画，是以佛经中各种故事完成的连环画；经变画，是隋唐时期兴起的大型经变，综合表现一部经的整体内容，宣扬想象中的极乐世界；佛教史迹画，表现佛教在印度、中亚、中国的传说故事和历史人物相结合的题材；供养人画像，即开窟造像功德主的肖像，这是一部肖像史。

在莫高窟各个时代的壁画中，有反映当时的一些生产劳动场面、社会生活场景、衣冠服饰制度、古代建筑造型以及音乐、舞蹈、杂技的画面，也记录了中外文化交流的历史事实，为研究 4 世纪到 14 世纪的中国古代社会提供了宝贵的资料。敦煌壁画中所描绘的当时的一些社会生活场景，反映了我国古代狩猎、耕作、纺织、交通、作战以及音乐舞蹈等生产活动和社会活动各个方面的内容。壁画中各类人物形象，保留了大量的历代各族人民的衣冠服饰资料。壁画中所绘的大量的亭台、楼阁、寺塔、宫殿、城池、桥梁和现存的五座唐宋木结构檐，是研究我国古代建筑的形象图样和宝贵资料。西文学者将敦煌壁画称作是"墙壁上的图书馆"。一千五百年过去了，乐僔的那个石窟早已无法分辨得出，而莫高窟经过风沙侵蚀仍保存着十个朝代的数百个洞窟，窟内壁画四万五千平方米，彩塑三千余身和唐宋窟檐木构建筑五座。此外，还有藏经洞发现的四五万件手写本文献及各种文物，其中有上千件绢画、版画、刺绣和大量书法作品。如果把所有艺术作品一件件陈列起来，便是一座超过二十五公里长的世界大画廊。

石窟壁画富丽多彩，各种各样的佛经故事、山川景物、亭台楼阁等建筑画、山水画、花卉图案、飞天佛像以及当时劳动人民进行生产的各种场面等，是十六国至清代一千五百多年的民俗风貌和历史变迁的艺术再现。在大量的壁画艺术中还可发现，古代艺术家们在民族化的基础上，吸取了伊朗、印度、希腊等国古代艺术之长，是中华民族发达文明的象征。各朝代壁画表现出不同的绘画风格，反映出我国封建社会的政治、经济和文化状况，是中国古代美术史的光辉篇章，为中国古代史研究提供了珍贵的形象史料。

莫高窟现存有壁画和雕塑的石窟，大体可分为四个时期：北朝、隋唐、五代和宋、西夏和元。其中开凿于北朝时期的洞窟共有 36 个，年代最早的第 268 窟、第 272 窟、第 275 窟可能建于北凉时期。窟形主要是禅窟、中心塔柱窟和殿堂窟，彩塑有圆塑和影塑两种，壁画内容有佛像、佛经故事、神怪、供养人等。这一时期的影塑以飞天、供养菩萨和千佛为主，圆塑最初多为一佛二菩萨组合，后来又加上了二弟子。塑像人物体态健硕，神情端庄宁静，风格朴实厚重。壁画前期多以土红色为底色，再以青绿赭白等颜色敷彩，色调热烈浓重，线条淳朴浑厚，人物

敦煌莫高窟

13

形象挺拔，有西域佛教的特色。西魏以后，底色多为白色，色调趋于雅致，风格洒脱，具有中原的风貌。典型洞窟有第 249 窟、第 259 窟、第 285 窟、第 428 窟等。如第 243 石窟北魏时代的释迦牟尼塑像，巍然端坐，身上斜披印度袈裟，头顶扎扁圆形发髻，保留着犍陀罗样式。

（四）犍陀罗艺术

历史告诉了我们，莫高窟是由东来的僧人最初开凿的，然而开凿洞窟这种佛教艺术的表现形式，却是从印度、中亚传入中国的。其中窟内有两千四百多尊佛教塑像，经过一千多年的不断雕塑和艺术沉淀，形成了一列名震中外的佛像长廊，其制作更受到了犍陀罗艺术的影响。

犍陀罗风格的佛像的特征是面容呈椭圆形，眉目端庄，鼻梁既高且长，头发呈波浪形，顶有肉髻，身披希腊式大褂，衣褶由左肩下垂，袒露右肩，有时有短胡须。犍陀罗艺术，融合了印度、希腊的艺术风格，它最大的贡献在于把佛表现为完美的人形。

3 世纪以后，犍陀罗艺术向北传播到阿富汗一带，又从不同的途径进入新疆、河西走廊乃至中原内地，在它经过的地区，又与当地的艺术风格相互融合，并发展出新的流派。它不仅在中亚地区形成新的艺术形态，对中国佛教艺术也有较大的影响。对于中国佛教艺术来说，中亚的影响是值得关注的，过去较多关注的是犍陀罗艺术，而对于巴基斯坦、阿富汗乃至前苏联中亚地区的佛教艺术，注意不够。印度犍陀罗的寺塔、石窟建筑、佛像的雕塑、绘画，沿着丝绸之路由西至东传入中国内地。五代十六国到北朝时期的北方，统治者大力支持佛教，使其发展大为盛行；同时，中原地区本来就有相当高的雕刻、绘画技艺，具备了接受新艺术形式的一定条件。印度犍陀罗艺术在 4—7 世纪东传中土，给中土留下了一批富有异国色彩的石窟、寺院、雕塑及绘画。从中国的历史背景来看，佛教的传播基本上是从西到东"正流"的，但有的时候也会出现"倒流"。

（五）敦煌艺术

光绪二十六年（1900 年），在 16 窟北壁发现砌封的隐室中满贮从三国魏晋到北宋时期的经卷、文书、织绣和画像等约 5 万余件。文书除汉文写本外，粟特文、齐卢文、回鹘文、吐蕃文、梵文、藏文等各民族文字写本约占六分之一。文书内容有佛、道等教的教门杂文的宗教文书，文学作品、契约、账册、公文书函等的世俗文书。敦煌艺术的发现，名闻中外，它对我国古代文献的补遗和校勘有极为重要的研究价值。

莫高窟作为艺术的宝库，不同时代的艺术风尚在这里汇集成斑斓景观。敦煌唐代艺术代表了中国佛教艺术最灿烂的时代，外来的艺术与中国的民族艺术水乳交融，敦煌唐代艺术空前丰富多彩。那雄伟浑厚高达十几米的巨大佛像，灵巧精致仅有十余厘米的小菩萨，场面宏大、人物繁密的巨幅经变，形象生动、性格鲜明的单幅人物画无一不使人印象深刻。莫高窟是集建筑、彩塑、壁画为一体的文化艺术宝库，内容涉及古代社会的艺术、历史、经济、文化、宗教等领域，具有珍贵的历史、艺术、科学价值，是中华民族的历史瑰宝、人类优秀的文化遗产。

（六）莫高窟的艺术成就

莫高窟的主要艺术成就是塑像和绘画。这里的塑像是泥塑，不同于云冈和龙门的石像。这主要是因为三危山石质较粗，不能凿成佛像，所以工匠们才用泥塑。由历代艺术家和能工巧匠累积完成，因而也呈现出不同时代的风格。北魏时期的塑像，体格高大，额部宽广，鼻梁高隆，眉眼细

长，头发呈波浪状，袒露着上身，留下了印度艺术的浓重印记。隋代的塑像，面相丰满，鼻梁相对稍低，耳朵相对加大，脸部线条柔和了，整个身体比例虽然还不尽相称，但已中国化了，体现出一定的民族风格。唐代，莫高窟的雕塑达到了顶峰。这些雕塑完全抛弃了模仿痕迹，面容温和慈祥，神情庄严从容，服饰华美。天王像表现了男子的健美，让人感到威严、正直、勇猛、坚毅；菩萨像身段秀美，面庞圆润，嘴角带着微笑，胸臂袒露，衣裙轻薄，形象酷似现实中的妇女。

莫高窟各窟均由洞窟建筑、彩塑和壁画综合构成。洞窟建筑形式主要有禅窟、中心塔柱窟、佛龛窟、佛坛窟、大像窟等。塑绘结合的彩塑主要有佛、菩萨、弟子、天王、力士像等。壁画内容丰富博大，分为佛教尊像画、佛经故事画、佛教史故事画、经变画、神怪画、供养人画像、装饰图案等七类，是古代社会历史形象的反映。精美的彩塑与壁画系统地反映了各个时代的艺术风格及其传承演变，具有珍贵的历史、艺术、科技价值。

隋唐是莫高窟发展的全盛时期。禅窟和中心塔柱窟在这一时期逐渐消失，而同时大量出现的是殿堂窟、佛坛窟、四壁三龛窟、大像窟等形式，其中殿堂窟的数量最多。塑像都为圆塑，造型浓丽丰满，风格更加中原化，并出现了前代所没有的高大塑像。群像组合多为七尊或者九尊，隋代主要是一佛、二弟子、二菩萨或四菩萨，唐代主要是一佛、二弟子、二菩萨和二天王，有的还再加上二力士。这一时期的莫高窟壁画题材丰富、场面宏伟、色彩瑰丽，美术技巧达到空前的水平。如中唐时期制作的第79窟胁侍菩萨像中的样式。上身裸露，作半跪坐式。头上合拢的两片螺圆发髻，是唐代平民的发式。脸庞、肢体的肌肉圆润，施以粉彩，肤色白净，表情随和温存。虽然眉宇间仍点了一颗印度式红痣，却更像生活中的真人。还有在第159窟中，也是胁侍菩萨。一位上身赤裸，斜结璎珞，右手抬起，左手下垂，头微向右倾，上身有些左倾，胯部又向右突，动作协调，既保持平衡，又显露出女性化的优美身段。另外一位菩萨全身着衣，内外几层表现清楚，把身体结构显露得清晰可辨。衣褶线条流畅，色彩艳丽绚烂，配置协调，身材修长，比例恰当，使人觉得这是两尊有生命力的"活像"。

五代和宋时期的洞窟现存有一百多个，多为改建、重绘的前朝窟室，形制主要是佛坛窟和殿堂窟。从晚唐到五代，统治敦煌的张氏和曹氏家族均崇信佛教，为莫高窟出资甚多，因此供养人画像在这个阶段大量出现，并且内容也很丰富。塑像和壁画都沿袭了晚唐的风格，但越到后期，其形式就越显公式化，美术技法水平也有所降低。这一时期的典型洞窟有第61窟和第98窟等，其中第61窟的地图《五台山图》是莫高窟最大的壁画，高5米，长13.5米，绘出了山西五台山周边的山川形胜、城池寺院、亭台楼阁等，堪称恢弘壮观。

莫高窟现存西夏和元代的洞窟85个。西夏修窟77个，多为改造和修缮的前朝洞窟，洞窟形制和壁画雕塑基本都沿袭了前朝的风格。一些西夏中期的洞窟出现回鹘王的形象，可能与回鹘人有关。而到了西夏晚期，壁画中又出现了西藏密宗的内容。元代洞窟只有八个，全部是新开凿的，出现了方形窟中设圆形佛坛的形制，壁画和雕塑基本上都和西藏密宗有关。典型洞窟有第3窟、第61窟和第465窟等。

清光绪二十六年（1900年）发现了藏经洞，出土了4—14世纪的文书、刺绣、绢画、纸画等文物4.5万件。其中文书，大部分是汉文写本，少量为刻印本。汉文写本中佛教经典占90%以上，还有传统的经史子集，具有珍贵史料价值的"官私文书"等。除汉文外，还有古藏文、梵文、回鹘文、和阗文、龟兹文等多种少数民族文字。敦煌文书的发现是研究中国与中亚历史、地理、宗教、经济、政治、民族、文学、艺术、科技等的重要资料。莫高窟藏经洞发现后历经劫难，

敦煌莫高窟

大批敦煌文物与石窟中的一些壁画和彩塑，先后被英、法、日、俄、美等国的盗宝者劫运国外，流散于世界上许多国家的图书馆与博物馆。这是"吾国学术之伤心史也"。

莫高窟的声誉远远超过其他石窟。其原因一是敦煌莫高窟开凿年代较早，迄今已有 1 600 余年的历史；二是规模宏大，现保存完好的洞窟 480 余个，像蜂窝一样密密麻麻排列着，错落有致，绵延 1 600 余米；三是雕塑、壁画十分精美，现存彩塑近 2 500 身，壁画 4.5 万平方米，所以，有人称敦煌莫高窟既是一个大雕塑馆，又是一个佛教艺术画廊。

中国著名石窟

三、敦煌莫高窟的故事与传说

（一）九色鹿

在一座景色秀丽的山中，有一只鹿，双角洁白如雪，浑身是九种鲜艳的毛色，漂亮极了，人称九色鹿。

这天，九色鹿在河边散步。突然，一个人抱着根木头顺流而下，在汹涌的波浪中奋力挣扎，高呼："救命啊，救命！"美丽善良的九色鹿不顾自身安危，跳进河中，费尽九牛二虎之力，终于将落水人救上岸来。惊魂未定的落水人名叫调达，得救后频频向九色鹿叩头，感激地说："谢谢你的救命之恩。我对天起誓，永做你的奴仆，为你寻草觅食，终身受你的驱使……"

九色鹿打断调达的话，说："你的心意我领了，但我救你并不是让你来做我的奴仆。快回家与亲人团聚吧。你只要不向任何人泄露我的住处，就算是知恩图报了。"

调达又起誓说："恩人请放心，如果背信弃义，就让我浑身长疮，嘴里流脓！"千恩万谢之后离开了。

这个国家的王妃，妩媚动人。有一天梦到了毛色九种、头角银白的九色鹿。心发奇想：如果用此鹿的皮毛做件衣服穿上，我定会显得更加漂亮！于是，她娇嗔地对国王诉说了美梦，要国王立即捕捉九色鹿。不然，就死在他面前。

国王无奈，只好张贴皇榜，悬重赏捕鹿，有知九色鹿行踪或捕获者，赠国土一半，并用银碗装满金豆，金碗装满银豆作为重赏。调达看了皇榜，心中暗喜：我当国王、发大财的机会到了。虽然我对鹿立下誓言，但它毕竟是个畜牲，怕什么？于是揭了榜文，进宫告密，说自己知道九色

鹿居住的地方。国王闻言大喜，调集了军队，由调达带路，浩浩荡荡地前来捕捉九色鹿。

山林之中，春光明媚。九色鹿在开满红花的草地上睡得正香。突然，好友乌鸦高声叫喊道："九色鹿，快醒一醒吧，国王的军队来捉你了！"九色鹿从梦中惊醒，起身一看，已处在刀枪箭斧的包围之中，无法脱身。仔细一看，调达站在国王旁边，便明白了。心想：即使死也要把他的丑恶嘴脸公布于众。于是，毫无惧色地走到国王面前，问："大王，你是怎么知道我的住处的？"

"是他告诉我的。"国王指着调达说。

"你知道吗，"九色鹿说，"这个人在河中快要淹死时，是我救了他，他誓不暴露我的住地。谁知道他见利忘义，反复无常，圣明的陛下，你竟然同一个灵魂肮脏的小人来滥杀无辜，岂不辱没了你的英名？"

此时，调达无地自容，身上长满了烂疮，嘴里流出了脓血，臭不可闻，遭到了报应。明白了事实真相，国王非常惭愧，责斥调达背信弃义，恩将仇报。传令收兵回宫，并下令全国臣民不许伤害九色鹿。

王后没有得到九色鹿的皮毛，又羞又恨，最后活活气死了。

此故事绘于257窟的西壁，是莫高窟最完美的连环画式本生故事画。画面从两头开始，中间结束。线索清晰，中心突出，层次分明，构图严谨，是北魏的经典作品之一。

（二）飞天

敦煌飞天是敦煌莫高窟的名片，是敦煌艺术的标志。只要看到优美的飞天，我们就会想到敦煌莫高窟艺术。敦煌莫高窟的洞窟中，几乎窟窟画有飞天。

飞天，是佛教中称为香音之神的能奏乐、善飞舞，满身异香而美丽的菩萨。唐代飞天更为丰富多彩，气韵生动，她既不像希腊插翅的天使，也不像古代印度腾云驾雾的天女，中国艺术家用绵长的飘带使她们优美轻捷的女性身躯漫天飞舞。飞天是民族艺术的一个绚丽形象，提起敦煌，人们就会想到神奇的飞天。敦煌飞天从起源和职能上说，它不是一位神，它是乾闼婆与紧那罗的复合体。乾闼婆是印度梵语的音译，意译为天歌神，由于他周身散发香气，又叫香间神。紧那罗是印度古梵文的音译，意译为天乐神。乾闼婆和紧那罗原来是印度古神话和婆罗门教中的娱乐神和歌舞神。神话传说中说他们一个善歌，一个善舞，形影不离，融洽和谐，是恩爱的夫妻。后来被佛教吸收，化为天龙八部众神中的两位天神。

唐代慧琳《音义》上解释说："真陀罗，古作紧那罗，间乐天，有微妙间响，能微妙音响，能作歌舞。男则马首人身，能歌；女则端正，能舞。次此天女，多与乾闼婆为妻也。"乾闼婆与紧那罗被佛教列入天龙八部神后，随着佛教理论和艺术审美以及艺术创作的发展需要，由原来的马头人身的狰狞面目，逐渐演化为眉清目秀、体态俏丽、翩翩起舞、翱翔天空的天人飞仙了。乾闼婆和紧那罗最初在佛教天龙八部众神中的职能是有区别的。乾闼婆作为乐神的任务是在佛教净土世界里散香气，为佛献花、供宝、作礼赞，栖身于花丛，飞翔于天宫。紧那罗作为歌神的任务是在佛国净土世界里，为佛陀、菩萨、众神、天人奏乐歌舞，居住在天宫，不能飞翔于云霄。后来乾闼婆和紧那罗的职能混为一体，乾闼婆亦演奏乐器，载歌载舞；紧那罗亦冲出天宫，飞翔云霄。乾闼婆和紧那罗男女不分，合为一体，化为后世的敦煌飞天。莫高窟西魏时已出现了持乐歌舞的飞天。隋代以后，乾闼婆和紧那罗混为一体，已无法分辨了。只是音乐界、舞蹈界写文章时，为了把他们和乐伎加以区别，把早期天宫奏乐的乾闼婆定名为天宫乐伎，把后来合为一体、持乐歌舞的飞天定名为飞天乐伎。

敦煌飞天从艺术形象上说，它不是一种文化的艺术形象，而是多种文化的复合体。飞天的故乡虽在印度，但敦煌飞天却是印度文化、西域文化、中原文化共同孕育成的。它是印度佛教天人

和中国道教羽人、西域飞天和中原飞天长期交流而融合为一，具有中国文化特色的飞天。它是不长翅膀、不生羽毛、没有圆光、借助彩云而不依靠彩云，主要凭借飘曳的衣裙、飞舞的彩带而凌空翱翔的飞天。敦煌飞天可以说是中国艺术家最天才的创作，是世界美术史上的一个奇迹。

（三）藏经洞之谜

　　由于藏经洞封闭了近千年，这个谜便堪称千古之谜。在浩如烟海的敦煌遗书资料中仔细地查阅，从未找到解谜的文字记载，只好另辟途径，根据其他历史资料进行推断，提出了多种假说，试图解开这个千古之谜。主要说法有以下几种：

　　1. 避难说

　　认为这么多经卷和遗书被藏于石室中被封闭，是莫高窟的僧人为躲避战乱，使经卷遗书免于战火而存放的。这种说法最早，持这种观点的学者也较多。但在具体封闭时间上说法又各不相同。

　　最有代表性、较普遍的说法是，宋初西夏人占领敦煌之前，千佛洞下寺的僧人为躲避战乱，临走前便把经卷、佛像、杂书等藏入洞内封闭。待战乱过后再回来启用。谁知这些僧人一去不返，杳无音讯，此洞便成为无人知晓的秘密。

　　又有一种说法把封闭时间定为宋绍圣年间（1094—1098 年），认为藏经洞的封闭与伊斯兰教的东传有关。当时，信仰伊斯兰教的哈拉汗王朝向宋朝要求出兵攻打西夏，宋朝表示赞同。这一消息传到敦煌，佛教徒们惊慌失措，恐惧万分，便采取保护措施，将千佛洞的经卷、佛像、文书全部集中堆放进石室封闭，免受其害。

　　另外还有宋皇祐（1049 年）之后说、曹氏封闭说、元初说、元明之际说

中国著名石窟

等，均为逃避战乱说。

2. 废弃说

认为这些经卷遗书都是当时敦煌僧众抛弃无用的废品。因佛经众多，为尊重佛法佛典，这些用过的经品既不能丢弃，也不能烧毁，只好用这个石室封存起来。持这种观点的学者认为，逃避战乱的说法自相矛盾，难以自圆其说。这是因为藏经洞内没有整部大藏经和其他珍贵物品，大多是残卷断篇，夹有不少疑伪经，甚至还有不少错抄的废卷和涂鸦之杂写，乃至作废的文书与过时的契约等等。在藏经洞封闭时，即曹宗寿当政时期（1002—1014 年），敦煌僧侣已向内地请求配齐了大藏经。并向朝廷乞求到一部金银字大藏经，还有锦袱包裹、金字题头的《大般若经》。如果是避难，那么这些珍贵的东西理所当然应该珍藏于石室中。为什么整部大藏经没有被收藏反而收藏的是残经破卷？因此，其真正的原因并不是为了避难，而是这些东西在当时实在没有实用价值而被废弃了。

3. 书库改造说

持这种说法的学者认为，大约一千年左右，折页式的经卷，已从中原传到敦煌。因阅读、携带方便，受到僧侣们的青睐。因此，将藏书室使用不便的卷轴式佛经以及许多杂物一并置于石室封闭。

以上有关藏经洞的封闭时间和原因，众说纷纭，莫衷一是，迄今仍无定论，有待进一步挖掘旁证资料，解开藏经洞封闭之谜。

废弃说中，关于避难时为什么珍贵的东西一定要藏在石室中的说法显然不对。避难时往往是把所有能藏的东西都收起来，一

敦煌莫高窟

是来不及收拾，其实，这些东西可能存放的地方不一样，也可能当时被其他国家借去，也可能被搬运的人路上偷偷拿下，有许许多多的可能。残经破卷这个词也显然不对，因为在学术上，这个词是相对词，也就是说，是相对某个人主观来说，不同地区可能会出现不同版本，更何况是在敦煌这么复杂的地区。

总的来说，在分析时，一旦做了假设，就应当在假设的前提下顺着推，而不能在假设的前提下，按我们生活的年代来考虑。这样才可能得到更合理的答案。

中国著名石窟

四、惨痛的掠夺史

莫高窟在元代以后已很少为人所知，几百年里基本保存了原貌。但自藏经洞被发现后，旋即吸引来许多西方的考古学家和探险者，他们以极低廉的价格从王圆箓处获得了大量珍贵典籍和壁画，运出中国或散落民间，严重破坏了莫高窟和敦煌艺术的完整性。

（一）藏经洞经文

光绪二十六年（1900 年）道士王圆箓发现藏经洞，洞内藏有写经、文书和文物四万多件。此后莫高窟更为引人注目。1907 年，英国考古学家斯坦因在进行第二次中亚考古旅行时，沿着罗布泊南的古丝绸之路，来到了敦煌。当听说莫高窟发现了藏经洞后，他找到王圆箓，表示愿意帮助兴修道观，取得了王圆箓的信任。于是斯坦因就被允许进入藏经洞拣选文书，他最终只用了 200 两银两，便换取了 24 箱写本和 5 箱其他艺术品带走。1914 年，斯坦因再次来到莫高窟，又以 500 两银两向王圆箓购得了 570 段敦煌文献。这些藏品大都捐赠给了大英博物馆和印度的一些博物馆。大英博物馆现拥有与敦煌相关的藏品一万余件，是世界上收藏敦煌文物最多的地方，但近年来由于该馆对中国文物的保护不力甚至遭致失窃，因而受到不少指责。1908 年，精通汉学的法国考古学家伯希和在得知莫高窟发现古代写本后，立即从迪化赶到敦煌。他在洞中拣选了三个星期，最终以 600 两银两为代价，获取了一万多件堪称精华的敦煌文书，后来大都入藏法国国立图书馆。1909 年，伯希和在北京向一些学者出示了几本敦煌珍本，这立即引起学界的注意。

敦煌莫高窟

他们向清朝学部上书，要求甘肃和敦煌地方政府马上清点藏经洞文献，并运送进京。清廷指定由甘肃布政使何彦升负责押运。但在清点前，王圆箓便已将一部分文物藏了起来，押运沿途也散失了不少，到了北京后，何彦升和他的亲友们又自己攫取了一些。于是，1900年发现的5万多件藏经洞文献，最终只剩下了8 757件入藏京师图书馆，现均存于中国国家图书馆。对于流失在中国民间的敦煌文献，有一部分后来被收藏者转卖给了日本藏家，也有部分归南京国立中央图书馆，但更多的已难以查找。王圆箓藏匿起来的写本，除了卖给斯坦因一部分以外，其他的也都在1911年和1912年卖给了日本的探险家吉川小一郎和橘瑞超。1914年，俄罗斯佛学家奥尔登堡对已经搬空的藏经洞进行了挖掘，又获得了一万多件文物碎片，目前藏于俄罗斯科学院东方学研究所。他还从敦煌拿走一批经卷写本，并进行洞窟测绘，还盗走了第263窟的壁画。他们都以少量的银元，带走了大量的中国的灿烂文化。

中国著名石窟

（二）壁画与塑像

近代，除了藏经洞文物遭到瓜分，敦煌壁画和塑像也蒙受了巨大的损失，目前所有唐宋时期的壁画均已不在敦煌。伯希和与1923年到来的兰登·华尔纳先后利用胶布粘取了大批有价值的壁画，有时甚至只揭取壁画中的一小块图像，严重损害了壁画的完整性。王圆箓为打通部分洞窟也毁坏了不少壁画。1922年，莫高窟曾一度关押了数百名俄罗斯沙皇军队士兵，他们在洞窟中烟熏火燎，破坏极大。1940年，张大千在此描摹壁画时，发现部分壁画有内外两层，他便揭去外层以观赏内层，这种做法后来引发了争议，直到现在依然争论不休。

（三）王道士的功过

1. 王道士其人

敦煌艺术在受世人瞩目之前的几百年里，一直是默默无闻，直到一个人对敦煌的新发现，才使敦煌莫高窟闻名于世，后人对他褒贬不一，他就是王道士。

王道士祖籍湖北麻城县。他本人出生在陕西，因家乡连年灾荒，生活所迫，出外谋生，流落于酒泉。在此期间入道修行，人们称他为王道士。后云游敦煌，登三危山，感慨万千，急呼"西方极乐世界，乃在斯乎"。所以他长期居留于此地，奉献了他的后半生，后人对他褒贬不一：

> 圆箓本无责，
>
> 圆箓本无误。
>
> 平凡一道者，
>
> 终身守寒窟。
>
> 并无贪一物，
>
> 冤何担罪辱？

王圆箓是一位地地道道的道士，而莫高窟又是佛教圣地，历来都是佛教徒活动的地方。然而，世事就是这样捉弄人，偏偏把一个道士安排在佛窟里，让太上老君的弟子为释迦牟尼效犬马之劳，这阴差阳错的安排委实古怪离奇。更令人不解的是，不知是王圆箓道士的行为感动了佛祖，还是无意的安排，佛窟里的秘密却让一个道士来发现，奇人遇奇事，出现了戏剧性的结果。

王道士走进莫高窟的时间大约在1892年。当时他已近不惑之年，看到神圣宝窟无人管护，一片残破，受到严重的自然和人为破坏，一种强烈的使命感，使他自觉自愿担当起了"守护神"的重任。他四处奔波，苦口劝募，省吃俭用，集攒钱财，用于清理

敦煌莫高窟

洞窟中的积沙，仅第 16 窟淤沙的清理就花费了近两年的时间。清光绪二十六年五月二十六日（1900 年 6 月 22 日）这一天，王圆箓揭开了藏经洞这个秘密。藏经洞发现之后，王道士尽了最大的努力，做了他应该做的一切。首先，徒步行走 50 里，赶往县城去找敦煌县令严泽，并奉送了取自于藏经洞的两卷经文。王道士的目的很明确，就是为了引起这位官老爷的重视。可惜的是，这位姓严的知县不学无术，不过把这两卷经文视作两张发黄的废纸而已。

1902 年，敦煌又来了一位新知县汪宗翰。汪知县是位进士，对金石学也很有研究。王道士向汪知县报告了藏经洞的情况。汪知县当即带了一批人马，亲去莫高窟察看，并顺手拣得几卷经文带走。留下一句话，让王道士就地保存，看好藏经洞。

两次找知县都没有结果，王圆箓仍不甘心。于是，他又从藏经洞中挑拣了两箱经卷，赶着毛驴奔赴肃州（酒泉）。他风餐露宿，单枪匹马，冒着狼吃匪抢的危险，行程八百多里，才到达目的地，找到了时任兵备道台的廷栋。这位廷栋大人浏览了一番，最后得出结论：经卷上的字不如他的书法好。就此了事。

几年过去了，时任甘肃学政的金石学家叶昌炽知道了藏经洞的事，对此很感兴趣，并通过汪知县索取了部分古物，遗憾的是，他没有下决心对藏经洞采取有效的保护措施。直到 1904 年，省府才下令敦煌检点经卷就地保存。这一决定和汪知县当初的说法一样，都是把责任一推了之。王圆箓无法可想，又斗胆给清宫的老佛爷写了秘报信。然而，大清王朝正在风雨飘摇之际，深居清宫的官员哪里能顾得上这等"小事"。王圆箓的企盼如泥牛入海，杳无音信。

1907 年，斯坦因到来，他通过宗教精神的交流将王道士"俘虏"了。斯坦因说："道士之敬奉玄奘，在石窟寺对面新建凉廊上的绘画有显明的证据，所画的都是一些很荒唐的传说……我用我那很有限的中国话向王道士述说我自己之崇奉玄奘，以及我如何循着他的足迹，从印度横越峻岭荒漠，以至于此的经过，他显然是为我所感动了。"

当时王道士把经卷卖给斯坦因有三方面的原因：一是在长达七年的时间里，他多次求助官方未受到重视，而且是逐级上报，但无人过问，致使他灰了心。二是为了完成他的宏愿，清扫洞窟，修建三层楼，架设木桥。三是唐玄奘沟通了他们的思想，斯坦因这个探险家追求事业的精神感动了他。因此他虽思想上极为矛盾，极不愿意外国人将这些文物带走，但在无奈的情况下，也只好做出让步。

当斯坦因把敦煌文物宣传于全世界之时，当朝命官这才懂得了其重要价值，但他们不是考虑如何去保护它，而是千万百计将其窃为己有。因此，一时间偷窃成风，敦煌卷子流失严重，这是敦煌卷子自发现以后最大的劫难，后来连醉心于壁画的张大千也加入了破坏的行列。1910 年，清政府作出决定，把剩余的敦煌卷子全部运往北京保存。在运送的途中，几乎每到一处都失窃一部分。

大量经卷的散失，曾经使王圆箓感到非常痛心，因为藏经洞是他发现的，多年来在他保管期间从未发生过无故大量散失的事，官方如此掠夺，又如此贪心，令他极其愤慨。所以，当 1914 年斯坦因第二次到莫高窟时，王圆箓对他说了一段令人深思的话，《斯坦因西域考古记》是这样记述的："说到官府搬运他所钟爱的中文卷子致受损伤，他表示后悔当时没有勇气和胆识，听从蒋师爷的话，受了我那一笔大款子，将整个藏书全让给我。受了这次官府的骚扰之后，他怕极了，于是，将他所视为特别有价值的中文写本另外藏在一所安全的地方。"王道士的墓志上是这样写的："沙出壁裂一孔，仿佛有光，破壁，则有小洞，豁然开朗，内藏唐经万卷，古物多名，见者多为奇观，闻者传为神物。"

王道士发现藏经洞既有必然性，也有偶然性。说必然性，是因为他走进洞窟，雇用人员清理洞窟中堆积多年的淤沙，踏踏实实做了大量的具体工作，只有清除淤沙，藏经洞的洞门才能显露出来。说偶

敦煌莫高窟

然性，是因为王道士当初清除洞窟淤沙，不是为了要寻找宝物，而是为了保护洞窟，发现藏经洞完全是偶然的。

可以说，无论什么人发现藏经洞都是一种贡献，都是人类文化史上一个了不起的重大事件。因为藏经洞的发现就预示着"敦煌学"的产生。王圆箓发现了藏经洞当然有功，而不能视为过错（如果用宗教的观念来看，这只能说是上天的安排，命运使然，是不以王道士个人意愿为转移的）。至于有人说应该在某个时代发现合适，那纯粹是一种主观主义的一厢情愿。事实证明，由于藏经洞的发现才引起人们对莫高窟的重视，因此在20世纪40年代就成立起专门的保护机构。否则，对莫高窟的保护不知要推迟多少年，造成的损失更是无法估量。

2. 正确评价王道士

关于莫高窟的文化遗产，在了解了莫高窟的地理形势以及历史背景之后，会产生新的理解。

先说说敦煌莫高窟的地理形式。

敦煌地处中国西北沙漠边关地带，历来属于被中原闭绝之地。为争权夺地，少数部落和中原王朝一直战乱不断。边塞平定后，虽历代朝廷重视边关开发，但也只有游牧民族徙居于此。风沙、荒凉，沙漠深处恶劣的地理环境，只适合那些被贬谪、被流放的罪人了断残生，无法吸引普通百姓驻足或居住，更无从寄希望于朝廷命官扎根此地做一番造福于民的事业。而那些深藏于敦煌的诸多文化遗产——建筑、壁画、塑像，又多建在断崖上，所以这些古迹既不能唾手可得又缺乏立马见效的惠利，那么，保护或拯救实在有些空谈。

再说说当时的现实。

那时，处于世纪之交的中国，可谓内忧外患。甲午战争后，西方列强瓜分中国的狂潮、维新运动的失败、义和团爆发的反帝风暴以及八国联军进行的举世惊骇的侵华大屠杀……整个神州大地处于一片战火、血腥、恐怖之中，尸骸枕藉，哀鸿遍野。这种情况下，政治是第一，没有人花心思来考虑什么文化，留意什么遗产。

这种时境下，尚能安置一个道士看守这荒原僻地的宗教之地，着实不易！

至少说明当时还是有人明白这些文化遗产所具有的"活"的价值，以及不可估量的意义。至于后来王道士拱手将敦煌遗产殷勤相让给外国人，其中原因，一方面是由于王道士的无知以及官僚们的冷血、漠然、自私；另一方面，也是时势如此。想一想，那些外国人，虽有"学者""考古家""冒险家"的名号，但在中国人眼里，无一例外都是魔鬼，当时外国人正在中国的国土上烧杀淫掠、无恶不作，而王道士的同胞们却正走向帝国主义控制下的半殖民地国家的亡国奴命运。一个小小的道士，惶恐尚来不及，更奈何得了谁！他面对的是一批又一批外来的文化掠夺者！比起战争的掠夺，有何二致？正所谓趁火打劫、浑水摸鱼，道貌岸然的"学者""考古家"也是脱不了干系的。

所以，将这笔文化重债算在一个无名道士头上，实在有些冤屈他。还是将满腔愤怒泄向那些入室的文化强盗吧，尽管他们彬彬有礼，但仍是强盗；或者干脆将满腹悲叹吞咽到自己肚子里，感慨当时国力衰微。

王道士是平凡而又淳朴的，却有着虔诚和执著的精神，是一个真正有信仰的人。发现藏经洞是他没有想到的，而发现藏经洞后的经历更是他始料未及的。从广义上讲，王道士把经卷卖给斯坦因，是中国文物的损失（但我们应该知道，留传到国外的敦煌文物都在博物馆中得到了最好的保护）！而留在中国的敦煌文物又是什么后果呢？先是 1910 年清政府作出决定，把剩余的敦煌经卷全部运往北京保存。在运送的路途中，几乎每到一处都失窃一部分。军阀统治、战乱时期的政府无为，使大量壁画任由风吹沙砾，任何人都可以随便拿走洞窟内铺地的精美地砖及小的佛像。之后，尽管敦煌壁画得到了较为系统的看管与研究，也因为经费严重不足而并没有真正得到多少保护，人们只是去索取其艺术、历史、宗教价值。据说 20 世纪 80 年代以前，众多洞窟破旧不堪的木门还是日本人出钱给更换成金属的。改革开放，敦煌终于受到了重视，然而这"重视"却是由于世界各地的游客蜂拥到来而看到了她的旅游

敦煌莫高窟

资源、经济价值，参观人数的激增致使洞窟壁画再一次受到严重破坏！直到最近十来年，对敦煌壁画的保护才得以真正实行并成为一门研究项目。所以，从狭义上讲，王道士的不得已行为对敦煌文物的保护倒是有贡献的。而且他的后半生主要从事的一件事就是清理莫高窟洞窟中的积沙，斯坦因给他的钱（所谓"卖"文物的钱），他一分也没用于享乐，而是全部用作敦煌的保护经费。

敦煌文物的流失不应该把责任归因于任何个人，我们不能以一个完人的标准去审视王圆箓，他在那个时代其实真的很平凡很无奈，他只能尽他的本分，力所能及地保护他心中神圣的信仰（那些经卷文物对他来说不一定有什么历史价值、艺术价值，而主要是宗教价值）。或许只有把他放在当时的历史情境中去理解，才能得出客观公正的评价。

王圆箓墓葬的"道士塔"是一座淡黄色的塔，伫立在莫高窟陈列馆前。塔上有文字，是王圆箓的徒子徒孙们用来纪念他的，墓志上记录了他的功德。他们建造了莫高窟众多塔中最大最高的一座，将一个道士以及他的所有功过归还给了大地。然而在当今，这座塔却很少受到游客的瞩目，更没有像外国名人墓葬那样被敬献鲜花。即使是研究敦煌学和敦煌绘画艺术的业内人士，似乎也没有谁曾在这里向他表示过敬意。

中国著名石窟

五、保护人类共同的遗产

（一） 敦煌印象

莫高窟对面，是三危山。《山海经》记，"舜逐三苗于三危"。可见它是华夏文明的早期屏障，早得与神话分不清界线。那场战斗怎么个打法，现在已很难想象，但浩浩荡荡的中原大军总该是来过的。当时整个地球还人迹稀少，嗒嗒的马蹄声显得空廓而响亮。让这么一座三危山来做莫高窟的映壁，气概之大，人力莫及，只能是造化的安排。

366 年，乐僔和尚来到这里，他戒行清虚，执心恬静，手持一根锡杖，云游四野。当他来到敦煌，立足峰头四顾，突然看到三危山金光灿烂，像有千佛在跃动。他怔怔地站着，眼前是腾燃的金光，背后是五彩的晚霞，他浑身被照得通红，手上的锡杖也变得水晶般透明。天地间没有一点声息，只有光的流溢、色的笼罩。他有所憬悟，把锡杖插在地上，庄重地跪下身来，朗声发愿，从今要广为化缘，在这里筑窟造像，使它真正成为圣地。不久，乐僔和尚的第一个石窟就开工了。他在化缘之时广为播扬自己的奇遇，远近信士也就纷纷来朝拜胜景。年长日久，新的洞窟也一一挖出来了，上自王公，下至平民，或者独筑，或者合资，把自己的信仰和愿望，全向这座陡坡凿进。从此，这个山峦的历史，就离不开工匠斧凿的叮当声。工匠中隐潜着许多真正的艺术家。前代艺术家的遗留，又给后代艺术家以默默的滋养。于是，这个沙漠深处的陡坡，浓浓地吸纳了无量度的才情，空灵灵又胀鼓鼓地站着，变得神秘而又安详。

比之于埃及的金字塔，印度的山奇大塔，古罗马的斗兽场遗迹，中国的许

多文化遗迹常常带有历史的层次性。别国的遗迹一般修建于一时、兴盛于一时，以后就以纯粹遗迹的方式保存着，让人瞻仰。中国的长城就不是如此，总是代代修建、代代拓伸。长城，作为一种空间的蜿蜒，竟与时间的蜿蜒紧紧对应。中国历史太长、战乱太多、苦难太深，没有哪一种纯粹的遗迹能够长久保存，除非躲在地下，躲在坟里，躲在不为常人注意的秘处。阿房宫烧了，滕王阁坍了，黄鹤楼则是新近重修。成都的都江堰所以能长久保留，是因为它始终发挥着水利功能。因此，大凡至今的历史胜迹，总有生生不息、海纳百川的独特秉赋。莫高窟可以傲视异邦古迹的地方，就在于它是一千多年的层层累聚。看莫高窟，不是看死了一千年的标本，而是看活了一千年的生命。一千年间血脉畅通、呼吸匀停，这是一种何等壮阔的生命！一代又一代的艺术家前呼后拥地向我们走来，每个艺术家又牵连着喧闹的背景，在这里举行着横跨千年的游行。纷杂的衣饰使我们眼花缭乱，呼呼的旌旗使我们满耳轰鸣。在别的地方，你可以蹲下身来细细玩索一块碎石、一条土埂，在这里完全不行，你也被裹卷着，身不由己，踉踉跄跄，直到被历史的洪流消融。

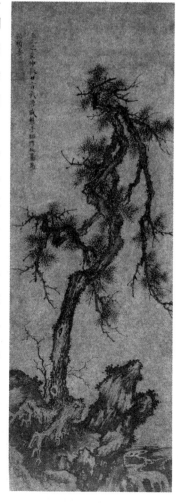

敦煌莫高窟

青褐浑厚的色流，应该是北魏的遗存。那色泽浓沉着得如同立体，笔触奔放豪迈得如同剑戟。那个年代战事频繁，驰骋沙场的又多为北方剽壮之士，强悍与苦难汇合，流泻进了石窟的洞壁。当工匠们正在这洞窟描绘的时候，南方的陶渊明，在破残的家园里喝着闷酒。陶渊明喝的不知是什么酒，而这里流淌着的无疑是烈酒，没有什么芬芳的香味，只是一派力、一股劲，能让人疯了一般，拔剑而起。这里有点冷、有点野，甚至有点残忍。色流开始畅快柔美了，那一定是到了隋文帝统一中国之后。衣服和图案都变得华丽，有了香气，有了暖意，有了笑声。这是自然的，隋炀帝正乐呵呵地坐在御船中南下，新竣的运河碧波荡漾，通向扬州名贵的奇花。隋炀帝太凶狠，工匠们不

会去追随他的笑声，但他们已经变得大气、精细，处处预示着，他们手下将会
奔泻出一些更惊人的东西。色流猛地一下涡旋卷涌，当然是到了唐代。人世间
能有的色彩都被喷射出来，但又喷得一点儿也不野，舒舒展展地纳入细密流利
的线条，幻化为壮丽无比的交响乐章。这里不再仅仅是初春的气温，而已是春
风浩荡，万物苏醒。这里连禽鸟都在歌舞，连繁花都裹卷成图案，为这个天地
欢呼。这里的雕塑都有脉搏和呼吸，挂着千年不枯的吟笑和娇嗔。这里的每一
个场面，都非双眼能够看尽，而每一个角落，都够你流连许久。这里没有重复，
真正的欢乐从不重复。这里不存在刻板，刻板容不下真正的人性。这里别的没
有，只有人的生命在蒸腾。到别的洞窟还能思忖片刻，而这里，一进入就让你
燥热，让你失态，让你只想双足腾空。不管它画的是什么内容，一看就让你在
心底惊呼，这才是人，这才是生命。人世间最有吸引力的，莫过于一群活得很
自在的人发出的生命信号。这种信号是磁，是蜜，是涡卷方圆的魔井。没有一
个人能够摆脱这种涡卷，没有一个人能够面对着它们而保持平静。唐代就该这
样，这样才算唐代。我们的民族，总算拥有这么一个朝代，总算有过这么一个
时刻，驾驭那些瑰丽的色流，而竟能指挥若定。色流更趋精细，这应是五代。
唐代的雄风余威未息，只是由炽热走向温煦，由狂放渐趋沉着。头顶的蓝天好
像小了一点，野外的清风也不再鼓荡胸襟，终于有点灰黯了，舞蹈者仰首看到
变化了的天色，舞姿也开始变得拘谨。仍然不乏雅丽，仍然时见妙笔，但欢快

的整体气氛，已难于找寻。洞窟外面，辛弃疾、陆游仍在握剑长歌，美妙的音色已显得孤单，苏东坡则以绝世天才，与陶渊明呼应。大宋的国土，被下坡的颓势，被理学的层云，被重重的僵持，遮得有点阴沉，色流中很难再找到红色了，那该是到了元代……这些朦胧的印象，稍一梳理，已颇觉劳累，像是赶了一次长途的旅人。

敦煌印象——什么时候，哪一位大手笔的艺术家，能告诉我们莫高窟的真正奥秘？日本井上靖的《敦煌》显然不能令人满意，也许应该有中国的赫尔曼·黑塞，写一部《纳尔齐斯与歌尔德蒙》，把宗教艺术的产生，刻画得激动人心，富有现代精神。不管怎么说，这块土地上应该重新会聚那场人马喧腾、载歌载舞的游行。

（二）保护敦煌莫高窟

如此敦煌，如此莫高窟，足以让世人憧憬或者流连。每年，莫高窟景点接待游客数目及门票收入都在增加，数字让人亢奋，但游客数量逐年增多给莫高窟的保护和管理带来的问题却逐渐凸现出来。保护敦煌莫高窟，就是保护人类共同的财产。

在莫高窟有壁画和彩塑的492个洞窟中，面积在100平米以上的大型洞窟仅18个，10平米以下的洞窟有289个，其中面积在25平米以下的洞窟占了洞窟总数的83%以上。洞窟可承载的游客容量十分有限，一旦超过莫高窟所能承受的游客极限，就将对壁画和塑像造成严重的破坏。由敦煌研究院提供的一组数据表明，40个人进入洞窟参观半小时，洞窟内二氧化碳将升高五倍，空气相对湿度上升100k，空气温度升高4℃。二氧化碳长时间滞留窟内以及窟内相对湿度增加，空气温度上升，都会侵蚀壁画，加速窟内已有病害的发展。目前，敦煌莫高窟492个洞窟几乎每个都

存在不同程度的病害，这其中较为严重需要抢救修复的就达277个。敦煌研究院共有七支壁画抢修队，按每队抢救修复一个洞窟的时间为两年计算，把所有有病害的洞窟修一遍需要一百年，而且一次的修复并不能一劳永逸，从目前来看，修好一个洞窟仅能维持十年左右。由于呼吸产生的二氧化碳对壁画会产生潜在性的破坏，近年造访莫高窟人数增加，因此对日常参观人数也应该加以限制。

在敦煌莫高窟的博物馆院子里横放着一块石碑，上面是中国现代历史学家陈寅恪的题词"敦煌者吾国学术之伤心史也"。站在莫高窟标志性建筑物"九层楼"前，听着敦煌研究院讲解员兴奋地描述2000年当地政府在莫高窟前举行的"庆祝藏经洞发现100周年"活动隆重的场面，忽然想起斯坦因这个掠夺敦煌艺术品的文物盗贼，在自己的自传《发现藏经洞》中的一段记述："有一大批古代写卷等待着去被发现的念头，像一块巨大的磁石一样吸引着我重返千佛洞……幸运的是，在当时还没有人知道这些文物的真正价值。"斯坦因得手了，现在大英博物馆里那近一万四千件来自敦煌的藏品，大部分是靠他两次去敦煌洗劫得来的，要知道，目前中国仅剩敦煌藏品八千余件。比较具有讽刺意味的是，距1907年斯坦因洗劫莫高窟已有百余年，然而遗憾的是，当地并没有进行过任何相关的纪念活动。

虽然早在20世纪初就有罗振玉、王国维、刘半农等人在北京、伦敦、巴黎等地收集、抄录敦煌文献，但对莫高窟的真正保护开始于20世纪40年代。1941年至1943年著名画家张大千对洞窟进行了断代、编号和壁画描摹。1943年，国民政府将莫高窟收归国有，设立敦煌艺术研究所，由常书鸿任所长，对敦煌诸石窟进行系统性的保护、修复和研究工作。1950年，研究所改名为敦煌文物研究所，依然由常书鸿主持。到1966年以前，已加固了约四百个洞窟，抢修了五座唐宋木构窟檐，并将周边十余平方公里划定为保护范围。

1984年，中国政府进一步将敦煌文物研究所升格为敦煌研究院，充实了科

中国著名石窟

技力量，开展治沙工程，积极利用数字化技术和其他技术来加强保护工作。多年来，已发展成为一个主要从事石窟文物保护研究，融壁画、塑像修复及工程加固为一体的科研实体。保护所下设环境研究室、分析研究室、修复技术室、档案信息资料室、图像处理研究室、文物保护技术服务中心，并设有敦煌研究院保护所与美国盖蒂保护所、与日本东京国立文化财产研究所、与日本大阪大学合作项目研究实验室等机构。几十年来敦煌研究院完成了敦煌三座石窟的加固工程，及壁画、彩塑的修复、加固。同时协助完成或正在完成新疆、青海、甘肃、河南、宁夏、西藏、浙江等省的壁画、彩塑修复及土遗址加固工程等数十项省内外重大文物保护维修项目。1993年，敦煌研究院同美国盖蒂保护所、中国文物研究所成功地举办了"丝绸之路古遗址保护国际学术会议"。受联合国教科文委员会资助和国家文物局的委托，举办了"中国石窟文物保护研究培训班"。2000年，又受国家文物局的委托，举办了"土遗址保护培训班"。敦煌研究院保护研究所将立足敦煌，面向全国石窟及壁画、土遗址，放眼世界，继续加强同国内外的合作与交流，抓住西部大开发这个难得的发展机遇，为保护人类文化遗产做出自己新的贡献。

敦煌莫高窟

云冈石窟

　　云冈石窟是中国最大的石窟群之一，与举世公认的印度犍陀罗佛教艺术、阿富汗巴米扬佛教艺术齐名为东方艺术瑰宝；与甘肃敦煌莫高窟、河南洛阳龙门石窟并列为中国三大石窟。

　　云冈石窟不但是今天了解和研究我国古代历史、雕刻、建筑、音乐以及宗教信仰等方面的重要形象资料，也是追溯古代中西文化交流的实物佐证，更是令国内外人士倾慕向往的旅游胜地。

一、中国最大的石窟群之一

（一）云冈石窟

云冈石窟始凿于北魏兴安二年（453 年），大部分完成于北魏迁都洛阳之前（494 年），造像工程一直延续到正光年间（520—525 年），距今已有一千五百多年的历史，由当时的佛教高僧昙曜奉旨开凿，先后历时五十年，参加开凿的人数多达四万余人，当时狮子国（今斯里兰卡）的一些佛教徒也参与了这一举世闻名的浩大工程。

云冈石窟按照开凿的时间可分为早、中、晚三期，不同时期的石窟造像风格也各有特色。

早期的"昙曜五窟"气势磅礴，具有浑厚、淳朴的西域情调。佛像高大，面相丰圆，鼻高，眉眼细长，主像释迦牟尼蓄八字胡须，这是印度造像的特点。双肩齐挺、身体粗壮，所穿着的服装有两种：一种是袒右肩，一种是通肩衣。比较有特点的是袒右肩式的服装，里边穿内衣，外披袈裟。内衣一般画方格纹，袈裟边缘雕连珠纹和折带纹。菩萨像，一般是圆脸，短身，头戴宝冠（三珠新月冠），宝缯内收，裸上身，胸佩项圈、短璎珞、蛇形饰，下穿羊肠大裙，戴臂钏、手镯，这种菩萨装饰是当时印度贵族的装饰。在雕刻技法方面，衣纹雕刻比较浅，在凸起的衣纹上刻阴线。雕刻比较细腻、匀称、轻薄、贴体。这些特点都显示出一种挺秀、劲健、浑厚、朴实的作风，既不同于凉州天梯山石窟，也不完全同于犍陀罗造像，形成一种新的造像风格。

中期石窟则以精雕细琢，装饰华丽著称于世，显示出复杂多变、富丽堂皇的北魏时期艺术风格。主要表现为：汉化趋势发展迅速，雕刻造型追求工整华丽，出现了许多新的题材和造像组合，侧重于护法形象和各种装饰，石窟艺术中国化在这一时期起步并完成。窟的形制多呈方形，分为前后室，有的洞窟雕中心塔柱、隧道式礼拜道。窟顶多有平棋藻井。造像内容方面，大像的数量锐减，题材多样化，突出了释迦佛、弥勒佛的地位。佛像面相饱满、清秀。太和十三年前后出现了褒衣博带。菩萨头戴三珠新月冠、花蔓冠，项圈、臂钏、短璎珞，服装出现了上着帔帛，下穿羊肠大裙。供养人的服装变化也比较明显，由早期的鲜卑装束的夹领小袖式游牧民族服装，转变为宽大的南朝汉式服装。由此可见，北方石窟真正的中国化是从云冈中期开始的，这有多方面的表现，如方形洞窟形制、龛像布局上下重层、造像组合等。

中期石窟的汉化程度如此之高，和当时的政策等原因分不开。第一，孝文帝推行了一系列汉化改革的政策。第二，在孝文帝定都平城后期，《维摩诘经》《法华经》《涅槃经》等大乘佛教思想的佛经在北魏境内非常流行。孝文帝和冯氏提倡的佛教也和早期凉州系统的禅行、禅修不完全一样，因为已经涉及到义理教义，从而给石窟造像增添了新的内容。所以在云冈，第十八窟出现了"大茹茹可敦"（"茹茹"即古柔然）（皇后）的造像龛和题记。孝文帝时期，平城内外佛寺非常兴盛，见于文献的佛寺，著名的有思远佛寺、报德寺、永宁寺等，所以云冈中期出现的这种洞窟形制的改变，应该是依照当时平城的寺院所建，而当时平城的寺院是仿造汉族传统形式修建的，石窟形象的改革反映佛寺形象的改变。这个时期题材多样化，形象趋于清秀，造型趋于精巧，表明汉化因素的增长和外来因素的削弱。

晚期窟室大多以单窟形式出现，不再成组。窟形繁杂，式样变化迅速，流行千佛洞、塔洞、三壁

云冈石窟

43

三龛式或四壁重龛式洞窟，窟门外出现雕饰。三壁三龛式窟的北壁主要题材多为释迦多宝；四壁重龛式窟北壁上为弥勒，下为释迦。规模虽小，但人物形象清瘦俊美，佛像和菩萨面形消瘦、长颈、肩窄且下削，比例适中，是中国北方石窟艺术的榜样。尽管这种雕像出现在龙门，但它的酝酿形成是在云冈晚期，因此，云冈石窟才是"瘦骨清像"的源起。交叉穿璧式菩萨最早也出现在云冈晚期。飞天的服饰基本同以前一样，但早、中期飞天露脚，晚期不露脚。此外，石窟中留下的乐舞和百戏雕刻，也是当时佛教思想流行的体现和北魏社会生活的反映。

云冈石窟按照地理位置可分为东、中、西三部分，石窟内的佛龛像蜂窝一样密布，大、中、小各种型号的石窟错落有致地镶嵌在山腰上。东部的石窟主要以造塔为主，因此得名塔洞；中部的石窟每个都分为前后两室，主佛居中，洞壁和洞顶布满了华丽的浮雕；西部石窟以中小型的石窟和补刻的小龛居多，大多是北魏迁都洛阳之后的作品。

（二）大同古城

大同地处晋、冀、蒙三省交界，介于内外长城之间，自古就是边塞之地。大同，意取"世界大同"之义，因唐代大同军驻扎而得名。大同，古称平城，曾用代都、恒州、恒安、云内、定襄、云州、云中等名。最初设立雁门郡平城县大致是在战国中期（公元前3世纪初年），即赵武灵王胡服骑射、征伐西北的过程中。汉高祖七年（公元前200年），刘邦率大军北击匈奴，被困于平城县东之白登山（今马铺山），平城由此闻名于世。大同是汉民族与匈奴、鲜卑等少数民族交往的重要场所。公元1世纪末，匈奴统治集团内部分裂，原居住在黑龙江额尔古纳河大兴安岭地区的鲜卑族拓跋部自东北向西南迁移，势力日渐强大。386年，拓跋珪建国；398年，建立了北魏王朝的道武帝拓跋氏，将国都自内蒙

中国著名石窟

古盛乐（今和林格乐境内）迁至平城（今大同），大同作为当时北魏王朝的政治、经济、文化中心，历时近百年。北魏以后，平城衰败，时而为北方游牧民族盘踞，时而由中原汉族军队驻守，直到唐代中后期开始稳定。五代时，后晋石敬瑭把幽云十六州献给契丹。辽金二代，大同复兴，立为"西京"陪都。元代，大同府是中国馈饷蒙古要道上的一大中转站。明清时代，大同系九边重镇之一，号称"京师北门"，实为京城西北的重要军事屏障。北魏王朝在大同的近百年统治中，先后有五位皇帝和一位南安王亲政，为了统治的需要，这些帝王大多信奉佛教，致使佛教传入东土以后，在北魏达到了兴盛。北魏皇帝崇尚佛教可以说是云冈石窟开凿的重要历史条件，而云冈石窟开凿的直接原因却要从太武帝拓跋焘的灭佛谈起。

（三）太武帝灭佛

北魏在建国初期并不信奉佛教，据《魏书·释老志》记载："魏先建国于玄朔，风格淳一，无为以自守，与西域殊绝，莫能往来。故浮屠之教，未之得闻，或闻而未信也。""浮屠之教"就指佛教。在慢慢对佛教有了了解之后，也出于

云冈石窟

对巩固政权的需要，北魏统治者开始重视佛教。从道武帝起开始倡导佛教，历经太武帝灭佛事件，但佛教在北魏兴盛的趋势却没有改变。道武帝每遇沙门道士均行礼，并在都城修建寺院。太武帝拓跋焘继位后十分崇尚佛法，他是北魏皇帝中在位最久，武功最高的皇帝，在位长达二十八年，这期间他开疆域，平叛乱，功勋显赫。《魏书·世祖纪》史臣评曰："世祖聪明雄断，威灵杰立。藉二世之资，奋征伐之气遂成轩四出，周旋夷险。扫统万，平秦陇，翦辽海，荡河源。南夷荷担，北蠕削迹。廓定四表，混一戎华，其为功也大矣。遂使有魏之业，光迈百王，岂非神睿经论，事当命世。"原本太武帝也敬重沙门，后来，由于司徒崔浩和北方道教首领寇谦之的进谏及 445 年发生的吴盖起义和在长安寺院发现藏有兵器等原因，太武帝在 446 年下诏书在全国范围内大举灭佛。"诸有图像胡经，尽皆击破焚烧，沙门无少长，悉坑之"，《释老志》也记载了当时的情况，"金银宝像及诸经论，大得秘藏。而土木宫塔，声教所及，莫不毕毁矣。"这就是历史上著名的"三武一宗"灭佛法，这是佛教传入中国后遭到的首次大劫。太武帝灭佛不久便染上重病，不久去世。

　　太武帝的孙子文成帝拓跋濬继位之后，出于政治统治的需要，下令在全国复兴佛法，清代朱彝尊《云冈石佛记》说："方诏遣立像，其徒唯恐再毁，谓木有时朽，土有时崩，金有时烁，至覆石以室，可永无泐。又虑像小可凿而去，径尺不已，至数尺；数尺不已，必穷其力至数十尺。累数百千，而佛乃久存不坏，使见者因像生感。"文成帝将在太武帝灭佛中幸免于难的昙曜高僧请回平城。据史书记载，一日，昙曜路过文成帝的车队，皇帝的马咬住了他的袈裟不放，由于有"马识善"的说法，文成帝即令昙曜在京城西武周山开凿了五窟，即今云冈第十六至二十窟，学者们称之为"昙曜五窟"。昙曜五窟的兴工，是武周山皇家大窟大像营造的开始，同时也标志着中国北方佛教具有了十分强烈的政治色彩，主要表现在早期开凿的五窟已经有了忠君礼佛的色彩。从 460 年开始，武周山聚集的工匠们凭借自己的智慧和精湛的技艺创造出了举世瞩目的传世巨作。北魏著名地理学家郦道元在《水经注》中记录了当年云冈石窟的壮景："凿石开山，因岩结构，真容巨壮，世法所希。山堂水殿，烟寺相望，林渊锦镜，缀目所眺。"

（四）云冈石窟的价值

云冈石窟是中国最大的石窟群之一，是与举世公认的印度犍陀罗佛教艺术、阿富汗巴米扬佛教艺术齐名的东方艺术瑰宝。云冈石窟与甘肃敦煌莫高窟、河南洛阳龙门石窟并列为中国三大石窟，云冈石窟在中国三大石窟中以石雕造像气魄雄伟、内容丰富多彩和融会中外艺术于一体这三个特点而见长。石雕佛像最高者达十七米，最矮仅为两厘米，其中有栩栩如生的佛教人物形象，也有形式多样的仿木结构建筑，还有关于各种佛教故事的雕刻与种类繁多的花纹装饰，其雕刻技艺继承并发展了秦、汉时代的艺术风格，汲取并融会了印度佛教艺术的精华，具有独特的艺术风格，对后来的隋、唐佛教艺术的发展也产生了深刻

云冈石窟

中
国
著
名
石
窟

的影响，真正起到了承上启下的作用。云冈石窟是石窟艺术"中国化"的开始，云冈中期石窟出现的中国宫殿建筑式样雕刻，以及在此基础上发展出的中国式佛像龛，在后世的石窟寺建造中得到广泛应用。云冈晚期石窟的窟室布局和装饰，更加突出地展现了浓郁的中国式建筑、装饰风格，反映出佛教艺术"中国化"的不断深入。

专家们评价云冈石窟道："云冈石窟是北魏帝国集聚国家力量、调用全国技艺高超的艺术家与工匠营造的足以体现时代风范的大型艺术杰作，它的艺术风格影响、波及到北中国各地的佛教石窟造像，在中国雕刻艺术史上占有十分重要的地位。云冈石窟佛教艺术继承了秦汉雕刻艺术的优秀传统，并吸取北方各少数民族和外来佛教艺术的有益成分，经过发展、融合、变革和创新，用旺盛的生命力和创造力铸造而成的'云冈模式'，是永不凋谢的艺术之花，谱写下宏伟壮丽的篇章。"云冈石窟形象地记录了印度和中亚佛教艺术向中国佛教艺术发展的历史轨迹，反映出佛教造像在中国逐渐世俗化、民族化的过程。多种佛教艺术造像风格在云冈石窟实现了前所未有的融会贯通，由此而形成的"云冈模式"成为中国佛教艺术发展的转折点。云冈石窟是中国古代人民智慧和高超技艺的结晶，在中国的艺术史上占有重要地位，敦煌莫高窟、龙门石窟中的北魏时期造像均不同程度地受到云冈石窟的影响。

云冈石窟的重要价值也得到了世界的肯定，2001 年 12 月 14 日，在联合国教科文组织世界遗产委员会第 25 次会议上，云冈石窟被作为世界文化遗产列入《世界遗产名录》，成为我国第二十八处世界遗产。世界遗产委员会是这样评价的："位于山西省大同市的云冈石窟，有窟龛二百五十二个，造像五万一千余尊，代表了5世纪至6世纪时中国杰出的佛教石窟艺术。其中的昙曜五窟，布局设计严谨统一，是中国佛教艺术第一个巅峰时期的经典杰作。"

云冈石窟共有大小石窟五十三个，窟龛二百五十二个，佛雕五万一千多尊，最大者达十七米，最小者仅几厘米。石窟群生动形象地向我们展示了佛教徒所幻想的极乐世界：有神态各异、栩栩如生的各种人物形象，如佛、菩萨、弟子和护法诸天等；有风格古朴，形制多样的仿木构建筑物；有主题突出，刀法娴熟的佛传浮雕；有构图繁复，优美精致的装饰纹样；还有我国古代乐器的雕刻，如箜篌、排箫、筚篥和琵琶等。气势宏伟，内容丰富多彩，堪称5世纪中国石刻艺术之冠，被誉为中国古代雕刻艺术的宝库。

云冈石窟

二、西域佛教造像艺术传入中国

（一）佛教石窟造像的起源

佛教诞生于公元前6至7世纪的古印度，创始人乔达摩·悉达多（公元前562—480年）在公元前525年左右顿悟成佛，于是开始宣传佛教，他也被尊称

中国著名石窟

为释迦牟尼。由于释迦牟尼在世时极力反对个人崇拜，不允许塑造佛像，佛教徒又因为对释迦牟尼存在一种敬畏意识，害怕塑造释迦牟尼的法身是对佛的不敬，因此，在佛教的早期经典《阿含经》中就有了"佛形不可量，佛容不可测"的训告。当初开凿石窟只是用来容纳修行者。

那佛教徒怎么样来表达他们对于佛的崇敬呢？不能用佛祖的具象来表现，只能用与佛有关的事物来象征。比如用菩提树来象征释迦牟尼曾经在树下悟道成佛；用佛的脚印来表示佛祖的来到和存在。此外，一头白象从空中下来表示"投胎"，一朵莲花表示佛的"诞生"，一匹马表示"出家"等等。这些分别寓意佛的"诞生""出家""成道"等说法的马、象、莲花、菩提树等形象，是一种重要的佛教石窟艺术的表现形式。专家们称这种现象为"别物假代"或"物化象征"。这种情况在释迦牟尼逝世六百年之后才得以改变。

真正意义上的佛教石窟造像出现在孔雀王朝时期。阿育王（约公元前272—231年）大力提倡佛教，当佛教成为印度的国教后，佛教徒们在"观禅"的指导下，石窟中前所未有的出现了佛教的一系列形象，这标志着佛教石窟造像的真正开始。1世纪时，佛教内部出现了以普度众生为最高理想的大乘佛教，

它流行后，石窟造像开始在印度各地流传，并向邻国传播。石窟因为造像的出现更加具有了审美价值，这便形成了独特的佛教石窟造像艺术。

（二）佛像石窟造像出现的原因

这门艺术的出现主要得益于三个契机：

第一，自公元前4世纪（公元前327年）古希腊马其顿帝国国王亚历山大远征到达犍陀罗，在入侵印度河流域的过程中，也将希腊的"神人同性同形说"的观念和雕刻石像的技艺带到了那里，这为佛教石窟雕刻做了观念和技术上的积累。

第二，1世纪，佛教内部出现了大乘佛教，大乘佛教神化佛陀、美化佛陀的思想非常盛行。佛教拯救众生的教义，催生了释迦牟尼佛的"分形画体"，允许僧侣们广设供奉，礼拜佛陀，以此算作积功累德之举。

第三，佛教徒"观禅"的需要。"观禅"就是观佛像。"观禅"的方法是先从佛像的肉髻开始观察静识，然后沿中线下移至眉间、双眼、鼻子、嘴……一直到脚。然后再从脚向上观，直至头顶上的肉髻。如此反复，闭目凝神，一心想着见到的佛像，直到佛的形象已深深印入修行者的脑海之中，真正做到佛祖在我心。

从无像到有像，是佛教石窟艺术发展的一个重要阶段和重要特征，这是一个继承与创新的结果。任何艺术，都是在利用、继承和学习前人所创造艺术的基础上发展而成的。佛教石窟造像艺术也是如此，先前是具有洞窟没有形象，后来发展到有了别的形象但没有释迦牟尼佛的形象，最后才有了释迦牟尼佛的说法、游行以及传记中的种种佛陀形象。

云冈石窟

（三）佛像石窟造像的基本类型

"石窟"一词来源于古印度。东晋天竺僧人译的佛经中有"尔时世尊，还摄神足，以石窟书。"由于佛教源于印度，与此相应，石窟（寺）同样传自印度，这是它最初的运行轨迹。一般来说，印度石窟共有七种不同的建筑类型，即中心塔柱式窟（支提式窟）、毗诃罗式窟（僧房式禅窟）、覆斗式殿堂窟、大佛窟、涅槃窟、背屏式窟（覆斗式中心佛坛窟）等。

我国的石窟最早在新疆，始建于3世纪。在中印文化交流的过程中，由于自身主体性的主导作用，中国的石窟一开始就未出现与印度的两种主要窟形——毗诃罗式和支提式完全相同的形式，而是与汉代的崖墓及中国传统木构建筑混合成为了一种特殊的佛寺，又称石窟寺。而后一步步地向中国宫殿建筑形式演化。

中国石窟的类型主要有塔庙窟、僧房窟、覆斗顶式窟、佛殿窟和大像窟等。

塔庙窟就是在佛殿窟内竖立中心塔，所以又称中心塔柱式窟（或称"支提式"）。塔内收藏佛舍利。塔庙窟大多是对中心塔柱式佛寺的模仿，平面纵长，分前后两部分，前部之顶为筒拱形，后部平面半圆，圆心处为石凿支提，信徒在此徊行。即：石窟中略后部位建一方形塔柱，塔柱四周开龛造像，龛顶前部做人字坡形，僧徒绕塔礼拜。这种窟形一般多出现于莫高窟、西千佛洞、十六国晚期和北魏、西魏、北周等早期的石窟建筑，隋唐时期仍有沿袭。从克孜尔到云冈石窟，中心塔是从模糊的塔形到对中国传统的木结构楼阁式建筑的模仿，体现出由西向东石窟形状的民族化过程。

僧房式禅窟即毗诃罗式窟，是供僧人修行和生活之用。在僧房窟中有一种

中国著名石窟

是修禅的小窟，叫禅窟或罗汉窟。禅窟是最早的石窟形式，如巴拉巴尔石窟的洛马沙利西窟是一门单穴，高度仅为四米，是为单人修隐而造。在中国这种窟变得更小，窟平面长和宽都在一米左右，高度一米多，有些没有造像，也不进行壁面装饰。

覆斗顶式窟是对宅院式佛寺的模仿，窟顶做倒斗形状，覆斗顶是对用在尊贵场所的"斗帐"的模仿。窟室呈方形平面，西壁或南北两壁开龛造像，龛形随时代发展有所变化。佛龛是大殿或者左右配殿的表征。覆斗顶式窟是中国的独创，这是莫高窟最多的形制。

殿堂式窟也称佛殿窟，也是供僧徒拜佛的场所。它是最具中国特色的石窟寺形制，一般在窟中雕出佛的形象或在窟中壁上开龛，内设塑像，像前留有空地。在盛唐时期演变成佛坛窟。

此外，塑造大佛的大像窟和安置佛涅槃像的横矩形涅槃窟，也是僧徒的礼佛场所。云冈石窟的十六至二十窟就是大佛窟的形制。

（四）佛教石窟造像的东渐

阿育王时代，佛教盛行，教义远播中亚和西亚。阿育王以后，佛教造像逐渐兴起并系统化。1至6世纪，希腊化的犍陀罗雕刻艺术成熟定型，基本特征是追求风格化和程式化的写实效果，犍陀罗艺术进入了鼎盛时期。大约在两汉之际，汉明帝永平年佛教进入中国。魏晋之际，犍陀罗式、笈多式的石窟佛教造像模式开始在中国流行。开凿在4-5世纪的石窟寺，至6-7世纪达到顶峰，窟龛造像数量不计其数。北方佛教重修持，故多石窟和依山雕琢；南方则重义理，故多雕塑成像。中国佛教石窟造像艺术实际上是一个佛像从"梵式"到"汉式"的中国化过程，审美特征也呈现由印度装饰性为主朝着中国写意性为主的转化趋势。

佛教艺术是中世纪东方传播最广的宗教艺术。它的东渐大致有三条路线：一条是西北路，即沿丝绸之路而传入内地；一条是海路，即从锡兰（斯里兰卡）到青岛和广州的东南沿海地区；一条是西南路，即从尼泊尔到西藏，从缅甸到云南（即南方丝绸之路）的川滇地区。

这三条路线中主要的还是西北线。这条线在传播中由西向东，循序渐进，成为了石窟造像艺术东渐的主要路线，它上承古代印度，下连新疆甘肃等地，将印度的佛教造像艺术传入中国。在这条线上的新疆克孜尔千佛洞、敦煌莫高窟、甘肃炳灵寺、山西云冈石窟、河南龙门石窟和四川广元石窟造像艺术，就像一串美丽的佛珠点缀在中国的大地上。而另外两条路线则因为交通及其他缘故没有形成持续发展的势头，规模不大且时断时续。

中国是世界上石窟造像最发达的国家，时间之长、规模之大、数量之多、分布之广，举世罕见。这些石窟，主要分布在西北地区、中原地区、东南地区、西南地区，这与佛教传入中国的路线有关。云冈石窟就属于典型的中原地区的石窟造像。

三、 揭开云冈石窟的神秘面纱

根据武周山势的自然起伏，云冈石窟自然地分成东区、中区和西区三大部分。第一窟至四窟为东部，第五窟至十三窟为中部，第十四窟至五十三窟为西部。传统的参观路线是从中部的窟群开始然后是西部窟群，最后参观东部窟群。云冈五十三个洞窟中以昙曜五窟开凿最早，气魄最为宏伟。第五、六窟和五华洞内容丰富多彩、富丽瑰奇，是云冈艺术的精华。

（一）中部窟群（第五窟至第十三窟）

云冈第五、六窟在云冈石窟群中部，为孝文帝迁都洛阳（前约 465—前 494年）开凿的一组毗连一体的双窟。有研究者们认为该窟是北魏孝文帝为其父皇献文帝祈冥福而开凿的。它是云冈石窟中期开凿的代表作，也是北魏王朝鼎盛时期的力作。窟前有一组朱红柱栏，琉璃瓦顶，巍峨高耸，气势非凡。颇为壮观的五间四层木楼阁，我们称其为窟檐。这组窟檐建于清代的顺治八年（1651年），是由当时曾任宣大总兵的佟养量募集官资主持修建的。当这组窟檐建成之后，人们被它的美景折服，于是将此处列为云中八美景之一，名曰"石窟摩云"。元朝诗人王度曾赋诗赞道："峰峰危阁与天齐，俯瞰尘寰处处低。亿万化身开绝嶂，三千法界作丹梯。"

第五窟属皇家投资开凿，所以洞窟空间规模、佛像造像都特别大，整体洞窟平面呈椭圆形，顶部为穹隆顶，分为前后室。后室中央的释迦牟尼坐像高达 17 米，是云冈数万石佛的第一高度，膝上可站一百余人，中指长 2.3 米，两膝之间距离为 14.3 米，堪称云冈石窟佛像的"鸿篇巨制"。呈结跏趺坐的大佛双腿长达 15.5 米，大佛身着褒衣博带，通

云冈石窟

肩袈裟，头顶为蓝色的螺髻，面部轮廓清晰，白毫点朱，细眉长目，鼻直口方，双耳垂肩，给人一种神圣庄严但又不失慈祥之感。可惜，由于后世为这尊巨佛像塑了金身，所以现在已见不到原始的北魏石雕的形态了。在大佛的后面有一条隧道，是供佛教信徒们礼拜绕行的诵经道。大像的两侧有立胁侍像四躯，两大两小。因石雕原胎皆为肉髻，据所谓"戴花冠者为菩萨，昌状者为佛"的说法，人们以佛看待，故有"立侍佛"之称。东侧的大小胁侍像及西侧的小像，皆为泥包裹，不足观瞻。而西侧的大立侍像非常引人注目，这是北魏造像艺术达到高峰的一幅作品，那以洗练的刀法雕出的端庄和微笑，呈给世人一种超凡绝圣的境界，真是敷泥剥尽，方露出本色真容，展示了原始的北魏石雕艺术的风采。窟室南壁八尊高约一米的佛教造像，肉髻高耸，眉眼细长，鼻梁挺直，嘴角微微上翘，整个身躯向前倾斜做俯视状，表情深沉含蓄，神态自然端庄。拱门东侧刻有二佛对坐在菩提树下的石雕，细腻传神，极富艺术魅力。

第六窟，规模宏伟，雕饰富丽，技法精炼，是云冈石窟中最有代表性的一个，被誉为云冈石窟的"第一伟窟"。这个洞窟是孝文帝为祖母冯太后所凿。这也是一个为鲜卑皇室各代母后祈福的洞窟，相传是由北魏著名的高僧道昭和尚主持设计和建造的。它的形制不同于第五窟，第六窟是一个中心塔柱式洞窟，窟形为平顶方形，平面呈回字状，中央是一个连接窟顶的两层方形塔柱，高约十五米。塔分上下两层，下层高约十米，上层高约五米，比例匀称，一层重龛楣装饰，像高不超过五米。上下两层雕饰华丽，内容丰富。东面雕交脚弥勒像，西面雕倚坐佛像，南面雕坐佛像，北面雕释迦多宝对坐像。在云冈石窟中，"二佛对坐"的雕刻内容非常多，其中，第六窟后室中心塔柱下层北侧之中的"二佛对坐"像，是规模最大的一处。"二佛对坐"是云冈中期造像中经常出现的一种形式格局，尤其在中期洞窟为最多。云冈在中期造像中，为什么会出现如此多的两佛对坐？这与当时太后临朝主政有关。这造形在洞窟中的大量出现，说明了当时的朝政已是"两重天"的格局。窟四壁满雕佛像、菩萨、罗汉、飞天、瑞鸟、神兽等造像。窟顶有三十三诸天及仆乘，令人目不暇接。环绕塔柱四面和东南西三壁的中下部，以块幅浮雕的形式连续排列着三十三幅描写释迦牟尼自诞生到成道的佛传故事浮雕，如"腋下诞生""父子问答""逾城出家""山中求道""成佛升天"等情节，内容连贯，构图精巧，也被称为"三十三天"。这一窟的雕刻技艺十分精湛，雕刻内容也非常丰富，佛像采用近似圆雕的高浮雕的雕刻法增加了佛像的立体感。此外，浅浮雕和高浮雕相结合的雕刻方法也体现了祖先们的智慧。第六窟代表了北魏传统石窟艺术的最高境界，尤其是佛像改变了过去的服饰，雕成了褒衣博带式的佛装，采用了当时南朝士大夫地主阶层的服饰，被称为"太和造像"。专家们将这种石窟样式称作"云冈模式"，这种模式为洛阳龙门石窟的开凿创造了北朝佛像样式，影响整个北方地区。当年清朝的康熙皇帝平定噶尔丹叛乱之后，回北京途经云冈石窟，看到第六窟雕刻的佛像如此精美，于是留下了"庄严法相"四个大字。由此可见，第六窟的确是名副其实的"第一伟窟"。

云冈中心塔柱窟的特点是：塔与壁皆独立于窟中央，上与顶相接，四面与窟室四壁平行间有南道，可绕塔礼佛，在佛教内容上又显示着四方佛土平等的意蕴，表达佛教空间观念的意向很浓。云冈这种形制出现，有接受西域与河西诸石窟影响的一面，也有它自身的一面，这种成果又对以后中国各地中心塔柱式洞窟产生较深的影响。

中心塔柱上层四角各雕一座九层楼阁式塔柱，每层雕成屋形，四面开宝，内雕三坐佛。每层四角雕一小方柱，第一层四角雕覆盖钵式小塔，极富装饰性。塔柱雕于须弥山上，由巨象承驮。中心塔柱顶部雕为宝盖式，四面设格，内雕鸟兽，下垂三角纹帐幕。中心塔柱四面佛龛内各雕一立佛，胁侍菩萨侍立于四角塔柱内侧。立佛面相丰圆，双耳垂肩，长眉秀目，慈蔼可亲。佛

云冈石窟

装宽大合体，右襟甩于左臂，下摆向外舒展，潇洒流畅。通身饰以舟形背卉光，四周雕火焰纹，内雕坐佛与飞天，精美华丽。佛身设计巧丽，雕琢精细，造型宏伟，气势辉煌。

　　第七、八窟是北魏孝文帝初任皇帝时开凿的石窟，由于洞窟的形制及窟内造像的布局基本相同，所以是一组双窟。形制为长方形平面，分前后两室。前室依靠崖面架设木构屋顶，前室外雕有塔柱，前室置碑，碑下具龟。在辽代，这里曾是著名的护国大寺。第七窟的主像是三世佛，但造像风化严重。窟平面为长方形，后室北壁佛龛分上下两层，上龛正中为弥勒佛，两侧是倚坐佛像，下层佛龛为释迦多宝对坐讲经论法图。前后室壁面分层分段大面积布置了本生故事浮雕以及佛传故事的佛龛，其中释迦佛降伏火龙的雕刻较为精美。窟顶雕刻的平棋、藻井图案共分六格。所谓平棋，即将窟顶雕为棋盘式方格状，故称平棋。藻井则为覆斗形窟顶式，中为团莲，周雕飞天。传说飞天又名香音神，以能歌善舞著称，当佛讲经说法时，飞天在天空向凡界播撒花雨。它们身上飘着的衣带和富于变化的体态，给人以凌空飞舞的感觉，从而构成一幅幅美妙的藻井图案。南壁凿有一门一窗，左右两侧各雕四个佛龛。门窗间有六个供养人和伎乐天人像，她们分两组合掌相向而跪，头束高髻，佩带臂钏，帔帛绕臂向身后，她们虔诚、安详、自在、超逸、优雅而平和，从她们的眼神、面颊、嘴角乃至身姿上都散发出来一种美，建筑学家梁思成称其为"云冈六美人"，这是云冈石窟中最先出现的供养人形象。

　　第八窟与第七窟相连，两窟的主要造像、造像组合和纹饰风格基本相近。整个洞窟四壁的雕刻风化严重，只剩下后室顶部的飞天雕像和门拱东西两侧的雕像保留完好，它是云冈石雕中罕见的艺术品。石窟后室入口两侧立有两身护法神，按佛教命名他们分别是鸠摩罗天和摩醯首罗天。

　　西侧的鸠摩罗天五头六臂，长发披肩，手持日、月、飞鸟及法器，骑乘于孔雀背上。在佛教石窟艺术中，鸠摩罗天是作为佛的护法神出现的。据说他在海上漂浮，肚脐上长有一朵莲花，上坐大梵天。他的妻子是吉祥天女，坐骑是金翅鸟迦楼罗。他不仅有护法能力，并能创造和降魔。这位护法神，既是天上护持佛法的力士，又是主司人类生殖的人种神，他有着保障众生、镇国护民的作用。鸠摩罗天雕像给人智慧（三头）、力量（六臂）、安详（面善）、吉祥（手托吉祥鸟）的感觉。这尊造像被认为是东西方艺术最巧妙的组合，是云冈石窟中罕见的艺术珍品。

东侧为三头八臂的摩醯首罗天骑牛的造像，面做菩萨像、身着菩萨装；面容饱满、肃静慈祥。手持日、月及法器，手掌心向外托着累累硕硕的葡萄。这葡萄的图像意义，是用于象征如同葡萄一样多子的生殖愿望。在印度的民间宗教信仰中，摩醯首罗天是一位丰收神。在远古人类的观念中，丰收的含义里也有生殖的意义。所以摩醯首罗天也具有生殖神的意义，把他刻在第八窟的拱门东侧，首先就在于这种创造生命的意义所在，也反映了拓跋鲜卑族渴望生殖、企求繁衍的愿望。

中部的九至十三窟被称为"五华洞"。它在清代晚期（1891 年）被施以彩绘，彩绘后的五个洞窟异常华丽，五彩斑斓，因此而得名。其中第九、十窟是一组双窟，十一、十二、十三窟是一个组合的整体形式，以第十二窟为中心窟。五华洞丰富多彩，雕饰绮丽，是研究北魏时期历史、艺术、音乐、舞蹈、书法和建筑的珍贵资料。

第九、十窟是一组双窟，开凿时代略晚于七、八窟，建于北魏孝文帝太和八年（公元 484 年），太和十三年竣工，由王遇负责设计建造。王遇，字庆时，据《魏书·释老志》记载，王遇官至爵候，富甲一方，北魏时期很多的建筑都是由他主持修建的，构思巧妙。《金碑》记载了他开窟造像是要为国祈福。两窟均分前后两室，前室所列的四根八角柱颇具汉魏以来建筑"金楹齐列，玉鸟承跋"的遗风，给人庄重之感，是最具殿堂特色的双窟。此外，前室侧壁屋形龛、

后室窟门上方屋形檐等雕刻，都是仿汉民族木结构的建筑形式。

第九窟前室西壁雕刻着云冈石窟最小的佛像，龛楣上的佛像只有两厘米高。后室主佛是释迦像，面相方圆，着右袒式的服装。西北壁下层雕凿附有榜题的分栏长卷式画面，是太子本生故事图，后室两侧雕护法像，显示出高超的石窟寺艺术魅力。

第十窟的主像是弥勒佛，前室有飞天造像，舞姿优美，比例协调。门楣雕饰十分精致，如八角鹿、野猪、金钱豹、猿、雕鹫、柳树、虎、狼、熊、牡麋、雌狮、兔等等，其中以青龙、白虎、朱雀、玄武做装饰的图案为最多，特别是在第二期的洞窟内，这四者被汉人视为天上的四个神灵，称为"四灵"或"四神"。据说他们分布在天上东、西、南、北四方，起安定四方、象征吉祥的作用。莲花图案和缠枝植物花纹图案在云冈石窟的装饰艺术上也占据着十分重要的地位，莲花在佛教中代表"净土"，所以佛座也称莲花座，在佛教艺术中，莲花就成了主要的装饰图案，这也是北魏后期装饰的一大特点。

这两个窟中关于须弥山的雕刻很多，这在云冈石窟群中是少见的。那何谓须弥山呢？须弥山是一个地理模式，它既是佛教三千大千世界每一世界的中心，又是印度神话和佛教中众神的住所，就像希腊神话中的奥林匹斯山。须弥山原本是印度神话中的神山，后来被用来指称佛教宇宙观念中的"世界"。佛教认为在一个三千大千世界之外，还有无数个三千大千世界，永无止境。就其每一个小世界而言，它的中心便是须弥山。须弥山下尚有数层奠基，最底层为风轮，其上为水轮，再其上为金轮。金轮之上还有九山八海，山海之间便是须弥山。须弥山顶上为帝释天所居，四面山腰为四天王所居，其周围有七香海、七金山。

十一、十二、十三窟是一组以十二窟为中心具有前后两窟的组合窟。十一窟为塔庙窟，中立有方塔柱，塔柱四面开龛造像，除南面上龛为弥勒佛外，其他均为释迦立像。塔柱下层皆为立佛雕像。第十一窟是云冈题记最多的一窟，东壁南端雕刻的北魏太和七年（483 年）的造像题记——《五十四人造像题记》

是云冈石窟早期造像题记的代表，是云冈石窟现存时间最早的题记，它记载了平城内五十四名信士女在云冈十一窟东壁雕凿九十五尊佛像的缘由，描述了文成帝复兴佛法之后出现的空前盛世，其中也不乏对当权者的赞美之词。题记共计341字，字径2—3厘米，基本为楷书，书法质朴高古，墨憨笔凝，温文敦厚，具有极高的书法艺术价值，充分显示了北魏太和年间古健丰腴的书风。这块题记是中国石窟中现存最早的魏碑题记，它不但确定了开凿云冈石窟的分期，还为研究北魏平城时期的书法提供了实物资料。另外，它直接影响了后来龙门石窟的诸多题记，这种影响一直延续到河西诸石窟的题记。

第十二窟是云冈中期开凿的石窟。窟前是四根露明温顶的大石柱，柱上刻满千佛坐像。属于前殿后堂式的格局。这种格局与前期的马蹄形平面和弯窿顶的简朴风格有了很大的不同，开始向宫廷殿堂式过渡，这也是云冈中期开凿石窟的一个显著变化。十二窟为佛殿窟，主像上龛是弥勒佛，下龛为释迦多宝。前室正面凿成三间仿木构建筑的窟檐，东西壁也雕出三间仿木构建筑的佛龛。后室的雕像分上下两层，布局庄严肃穆而又隆重。上层表现释迦牟尼出世以前的生活，在兜率天宫作为护明菩萨修道以备出世；下层则雕刻了释迦牟尼降生人世后，修成正觉而成佛的一段经历。在窟的北壁上刻有佛陀含笑、莲花盛开、飞天起舞、伎乐弹奏等浮雕造像，色彩缤纷、琳琅满目。十二窟是云冈石窟中最著名的音乐窟——佛籁洞，在这个洞窟中完全可以感受到一种"庄生天籁"

云冈石窟

般的美妙境界。窟顶雕有舞蹈伎群和乐伎群，手持排箫、琵邑、齐鼓、细腰鼓、法螺鼓、横笛、义嘴笛等乐器，神情迥异，形象生动，这些乐器是研究我国古代音乐史的重要资料。据统计第十二窟里各种大小乐器就有十七个种类、四十七件之多。这些乐器，应该是当时乐器的总和，它们有的来自番汉，有的来自西域，云冈石窟中这些乐器的出现也是当时民族大融合的一种表现。十二窟以音乐舞蹈为题材，雕像华美、气势磅礴、境界宏大，将佛教世界与现实世界通过浪漫的手法很好地结合在一起，这不仅在云冈石窟中绝无仅有，而且在全国石窟范围内也是十分罕见的。此外，十二窟也鲜明地表现出了北方民族的特色，飞天服饰明确显示出了鲜卑人的特点。窟中的乐舞雕刻较多地采纳了西凉、龟兹、天竺等国的乐器，是研究北魏文化的重要历史根据。据《后汉书》记载："东汉灵帝喜好胡服、胡帐、胡床、胡坐、胡饭、胡箜篌、胡笛、胡舞，京都贵戚皆竞为之。"可见西域乐舞在东汉时已经传入我国。

第十三窟的平面呈马蹄形，为佛殿窟。主像为交脚弥勒，高达十三米，佛像头戴宝冠，佩臂钏，左手抚膝，右手上举，右臂下雕有一托臂力士，"托臂力士"以它的四只臂膀托举着主像仰掌的右臂，在力学上它所处的支撑点正是大佛右臂的悬空处，既起到对大佛右臂强有力的支撑作用，又具有力学的美感与张力，构思精妙，巧夺天工，这是云冈石窟中唯一的一例。第十三窟东壁的龛楣装饰是云冈石窟中最丰富的，有尖拱龛、圆拱龛、山岳形龛、华盖龛、屋形龛、帐幕龛等等。窟内南壁中层的四阿式重屋的华盖下的七佛立像，均高两米，身着褒衣博带佛装，佛像通身被装饰以华丽的舟形背光与头光。东壁下层的半跪供养天人像，都被认为是云冈石窟的上乘之作。

（二）西部窟群（第十四窟至第五十三窟）

中部窟群和西部窟群之间有一道自然断带，十四窟到五十三窟属于西部窟群。

十四窟已经倒塌，造像也已经风化，仅存一部分佛龛和佛像。第十五窟不同于一般的洞窟，该洞窟不仅规模小而且无大的造像。据1958年统计，此窟大小造像八千九百尊，因此被称为"万佛洞"，亦有"千佛洞"之称。这是云冈石窟最为典型的千佛像窟，千佛的开凿流行于北魏，源于"三劫三世千佛"的佛教术语。大乘佛教认为，宇宙是无限的，但是三千大千世界的发展是具有周期性的。每一个周期都要经历成、住、坏、空四个阶段，时间大约是一百二十八亿年，佛家称之为"大劫"。佛教"三劫"是指过去劫、现在劫和未来劫，每一劫又分过去、现在、未来"三世"，统称"三劫三世"。每一劫世中都有千人成佛教化众生，过去的庄严劫如此，现在的贤劫如此，未来的星宿劫亦是如此，这就是"三劫三世千佛"。还有一个佛教术语是"三劫三世十方诸佛"，每一世有一个空间，以须弥山为中心，划分东、南、西、北、东南、西南、东北、西北、上、下十个方位，统称十方，每方内又有过去、现在、未来三世佛教化众生。十方诸佛是无数无量的意思，"千佛""万佛"是虚指，表示数量很多。千佛造像是佛教石窟艺术中常用的一种表现形式，通常表现为洞窟的整个壁面、窟顶、门窗、塔柱都雕刻数量众多的、纵横排列的小佛像。"万佛洞"内佛造像排列整齐，雕凿大同小异，可以说是千佛一面。"万佛洞"的西壁佛龛下层刻有水藻、摩尼宝珠、鱼鸟浮雕等，都运用了单层雕刻加阴线描的技法，栩栩如生，这也是云冈石窟中唯一反映水生动植物形象和生活的石窟。

云冈石窟中十六、十七、十八、十九、二十共计五个洞窟位于石窟群西部的显著位置，规模宏大，气势磅礴，是由昙曜和尚主持开凿的第一期窟洞，也是云冈石窟最引人注目的部分之一，也就是"昙曜五窟"。昙曜，少年出家，

云冈石窟

原是凉州（甘肃省武威市）的高僧，到达平城后受到太子拓跋晃的礼遇，开始管理众僧。太武帝灭佛时，他逃离了平城。文成帝兴佛后，昙曜成为管理全国僧尼事务的"沙门统"。昙曜是一位学识渊博，精通佛典，严守戒律，操行端正的高僧，以禅业见称。《续高僧传·昙曜传》说他"摄行坚贞，风鉴闲约"，《魏书·释老志》云："沙门昙曜有操尚，又为恭宗所知礼。佛法之灭，……昙曜欲守死，……密持法服器物，不暂离身。闻者叹重之。"在文成帝的赞同下，昙曜选择了武周山南麓这块幽静之处进行开窟修禅。460 年开始，昙曜组织了开凿石窟的工程，北魏都城会聚了来自各地的高僧佛徒、工匠艺人不下十万人。

据《魏书·释老志》载："和平初，……昙曜白帝，于京城西武州塞，凿山石壁，开窟五所，镌建佛各一，高者七十尺，次六十尺，雕饰奇伟，冠于一世。"文中的五窟被学者称为"昙曜五窟"，五窟的内容带有强烈的国家集权色彩，表现出佛教对王权的依赖性，佛教徒们忠君礼佛、拜佛如同礼皇帝。五窟的主佛像象征北魏的皇帝，依次为道武帝、明元帝、太武帝、景穆帝（未继位）、文成帝。他们面相半圆，深目高鼻，眉眼细长，蓄八字须，两肩齐挺，肩宽体壮，右袒或通肩服装，具有浓厚的西方风格。这五窟规模宏大，气魄雄伟，形制上也具有相同的特点：外壁满雕千佛，大体上都模拟椭圆形的草庐形式，穹隆顶，马蹄形平面，每窟一门一窗，窗在上，门在下，无后室。造像主要是三世佛（过去佛、未来佛、现在佛），主佛居中而设，形体高大（都在十三米以上），或坐或立，姿态各异，神情有别。根据主像和石窟布局，这五个窟可以分为两组：第十六至十七窟为一组，第十八至二十窟为一组。这五组洞窟虽统一设计和施工，但是完成时间不一样，前两窟略晚，后三窟较早，尤其是窟内的许多壁面、门洞、明窗的雕刻，大概是献文帝、孝文帝时代完成的。

第十六窟是昙曜五窟最东端的一窟。窟平面为椭圆形，顶为穹窿形，窟内主像释迦立像高 13.5 米，面相清秀，发式为肉髻和波状发纹，身着厚重的毛毡披，胸着佩结带，大裙齐胸，右手上举胸前，左手下垂，拇指与中指相捏，呈说法手印，立于莲花座上。服饰与今天朝鲜族的女装很相近。显示出道武帝征服鲜卑诸部，建立北魏王朝的英雄气概。

第十七窟，窟形平面属椭圆形。窟内以未来佛弥勒佛为主像，高达 15.6 米，这尊主像头上戴花冠，胸前配兽饰，臂着珠钏，腿作箕踞。右手仰掌，左手屈胸，人们称之为"交脚弥勒菩萨"。魁奇伟岸，有唯我独尊的气势。东、西两壁各雕龛，东为坐像，西为立像，风格与主像不同。三座造像也有人称之为"三世佛"，主尊定为未来世之弥勒。明窗东侧的北魏太和十三年（489 年）佛龛，为研究洞窟开凿的时间提供了可靠的依据。由于窟小像大，给人一种咄咄逼人之势，表现出明元帝拓跋嗣盛气凌人的样式。

第十八窟三世佛立像，正中身披千佛袈裟的释迦立像，高 15.5 米，安详沉静地站立在二佛之中。东西两侧对称分布着十弟子、一菩萨、一立佛。十位弟子分别是"智慧第一"的舍利弗、"神通第一"的目犍连、"头陀第一"的摩诃迦叶、"多闻第一"的阿难、"天眼第一"的阿那律、"解空第一"的须菩提、"说法第一"的富楼那、"议论第一"的迦旃延、"持律第一"的优婆离、"密行第一"的罗睺罗。这些弟子群像头部均为圆雕，身躯为高浮雕，倾

云冈石窟

中国著名石窟

斜三十度左右，这种设计在佛教石窟艺术中是极为罕见的。立佛脚踏莲花，头罩华盖，神清气朗，端庄慈祥；菩萨头戴宝冠，面如满月，服饰华美，面容慈祥；十位弟子相貌各异，均为西方人种特征，神态生动，技法娴熟，堪称杰作。释迦立像暗示了曾经灭过佛的太武帝拓跋焘，从面部表情露出一种忏悔的神态。正壁东上方的罗汉浮雕造像，以个性突出、形象生动，被誉为云冈早期造像的佳作。在石窟艺术方面，主像身着轻薄贴体、衣纹紧密的服装，反映了印度恒河流域一带笈多造像的某些特征。第十八窟是昙曜五窟中造像组合最为合理、完备的洞窟。在窟门西侧有一处完全是用魏体楷书雕刻的题记——《茹茹可敦题记》。这是一件残题，此刻用笔娴熟老道，行笔势如力耕，与百年之后的唐楷没有大的区别。日本学者关野贞、常盘大定在《山西云冈》中评价："此石窟，不仅规模宏壮，其内部的佛像也带着雄大刚健的气象，是全云冈石窟中的最雄伟者。"

第十九窟本尊为释迦坐像，高 16.8 米，是昙曜五窟中最大的佛像，也是云冈第二大造像。三世佛主像释迦呈结跏趺型态，面容慈祥，端庄严肃，气势凝重，是景穆帝拓跋晃的象征。拓跋晃是佛教的崇拜者，可惜未登王位便去世了。窟内满雕千佛，西侧的罗睺罗实子因缘像，颇具西方造像风格。窟外东西凿出两个耳洞，各雕一身高八米的坐像，别具匠心。普遍认为此窟是"三世佛"的布置，主窟大像为现在世的释迦牟尼佛，两耳洞的两佛则一为过去佛，一为未来世的弥勒佛。

第二十窟就是被称为云冈石窟雕刻艺术代表作的露天大佛。窟前带大约在辽代以前已崩塌，造像完全露天。那么，第二十窟的坍塌现象是如何发生的？有人认为该窟开凿之初就是露天的；也有人认为由于该窟佛像胸部下层紫红色泥质灰岩，质地松软脆弱，稳定性能差，因此极易造成洞窟坍塌；还有人认为当初该窟南壁的窟门和明窗设计太大，南壁厚度预留得不够，巨大的压力致使松软的紫红色砂岩层首先崩塌，从而引起严重的坍塌。关于它的种种猜测，使这一浩大的工程充满了神秘感，其中沉淀着的许多历史信息还有待后人去探寻。

第二十窟的立像是三大佛，正中的释迦坐像高达 13.7 米，为云冈石窟的代表作。这个造像面部丰满，深目高鼻，眼大唇薄，双肩宽厚平直，法相庄严，气宇轩昂，将拓跋鲜卑的剽悍与强大、粗犷与豪放、宽宏与睿智的民族精神表现得淋漓尽致。这尊佛像具有希腊艺术和犍陀罗佛像的痕迹，他身披右袒袈裟，呈结跏趺坐状，手势为大日如来"定印"状。定印，又称禅定印，是表示禅思，使内心安定的意思。据说释迦佛在菩提树下禅思入定，修习成道时，就是采用这种姿势。露天大佛是文成帝的象征，他恢复佛法，开凿云冈石窟，大佛的嘴角微笑神态，表现出佛教徒对他的敬意。大佛的衣纹成阶梯状排列，线条简洁，显示出一种粗重厚实的质感，反映了犍陀罗造像和中亚牧区服装的特点。窟中有一处重要的题记——《比丘尼昙媚题记》，它是云冈石窟晚期题记的代表，是难得的一块完整的造型题记。石刻为云冈细沙岩，高 30 厘米，宽 28 厘米，共110 字，书法极佳。

昙曜五佛是云冈石窟的典型代表，明显受到了西域造像艺术东传的影响。大佛身着的袈裟，或披或袒，衣纹厚重，似乎表明是毛纺织品，这无疑是中亚葱岭山间牧区国家的服装特征。大佛高肉髻，方额丰腴，高鼻深目，眉眼细长，嘴角上翘，大耳垂肩，身躯挺拔、健硕，神情威严、睿智而又和蔼可亲，与北魏晚期佛像的清瘦、谦恭，东魏北齐佛像的缺乏神骏、刚毅，唐朝佛像的夸张、柔弱截然不同。诚如唐代道宣大师所云："造像梵相，宋、齐间皆唇厚、鼻隆、目长、颐丰，挺然丈夫之相。"

昙曜五窟的开凿揭开了

云冈石窟

云冈石窟大规模雕凿的序幕，同时也标志着中国北方佛教中心已从凉州转移到了大同。昙曜五窟在艺术效果上突出了造像雄浑伟大、盖世无双的气势。

云冈石窟西部的第二十一窟至第四十五窟以及一些未编号的小窟小龛，大多是北魏迁都洛阳之后的建筑工程，孝文帝迁都后的平城，仍然逗留了一大批中下层贵族和佛教僧侣。洞窟开凿的时间从 494 年开始，至 524 年结束，其特点是窟龛种类复杂，不成组的窟多，中小窟多，作为补刻的小龛多，规模不大，多数属于小集体或个人开凿的洞窟，主要分布在云冈石窟第二十窟以西斜坡上和中部区第十一窟至第十三窟上部的崖面上以及东部区西端龙王庙沟西侧的上部地带。以第三十三、三十五、三十八、三十九为代表，流行三壁三龛式的洞窟。造像多为瘦骨清相，佛像一律褒衣博带，衣纹下部褶纹重叠，神态文雅秀丽，身姿挺秀，神态飘逸，注重形式美。藻井中飞天飘逸洒脱，具有浓厚的汉化风格，与"龙门期"雕刻十分接近。

第三十八窟是北魏晚期雕刻精美、题材丰富的代表性小窟。窟门外部两侧各雕力士，威武雄壮，窟外壁雕有《吴氏忠伟为亡息冠军将军吴天恩造像并窟》的题记，这是一件可与《五十四人题记》相提并论的作品。吴天恩官至三品，是云冈石窟所存像主中官职最高的。题记凡三百余言，其中一百五十余字可以识别。其书宽博肃穆，水准高于《五十四人题记》。但由于长期置于室外，字面风化严重。这则题记把云冈石窟西部窟群雕刻的时间提早了数年，也为研究云冈石窟及佛像的分期提供了新的依据。窟顶刻方格平棋藻井，正圆拱华绳龛内雕释迦、多宝并坐像，西壁的倚坐佛像雕在盘形帐幕龛内。一组男女供养人行列雕像，排列在东壁及北壁佛龛下部；供养人群中间雕树上伎乐人奏乐的音乐树，还有爬杆倒舞的"幢倒伎神"浮雕，是研究北魏杂伎的形象资料。窟顶的方格平棋，以大圆莲为中心，周绕化生童子、诸天仆乘，四周雕刻奏乐飞舞的乐神乾闼婆、歌舞神紧那罗。第三十八窟在一个不大的空间内，雕刻出丰富多变的造像内容，他们杂而不乱，形象鲜明，充分显示出北魏晚期的石窟艺术风格。

第三十九窟中心五层塔柱，塔身每面做五间、六柱，柱头上斗拱承托出檐，天平座，每层间阔高度皆小于下层，稳重隽秀，是研究早期造塔的重要资料。第四十窟整体布局巧妙地运用装饰艺术，使洞窟格式、构图既有规律，又有变化，提高了石窟艺术的格调。

（三）东部窟群（第一窟至第四窟）

第一窟、第二窟位于云冈石窟最东端，两窟为双窟，是云冈石窟中唯一的一组塔庙式双窟。窟的结构基本相同，都是方形平面，中央为中心塔柱，四面开龛造像。窟形前窄后宽，前高后低。两窟开凿于同一时期，是孝文帝迁都洛阳之前的作品。曾被列入云冈八景之一的"石鼓寒泉"即在这两窟。石鼓指的是第一窟，叩地就会听到嘭嘭的鼓声，这种鼓声至今仍隐约可闻。寒泉即第二窟外岩脚下的细泉，至今尚有泉水涌流。

第一窟中央雕出两层方形塔柱，后壁立像为弥勒佛，四壁佛像大多风化剥蚀，南壁窟门两侧雕达摩、文殊菩萨问答像，东壁后下部的佛本生故事浮雕保存较完整。

第二窟中央为一方形三层塔柱，主像是释迦佛。每层四面刻出三间楼阁式佛龛，窟内壁面还雕出五层小塔，是研究北魏建筑的形象资料。

第三窟为云冈石窟中规模最大的洞窟。前面崖面高约二十五米，面宽为五十米，传为昙曜译经楼。窟形奇特，它的平面呈凹字形，底部是两个窟门，通入内洞，似为窟门；东小洞独自成门，与内洞相通。两小洞的顶部形成一个大的平台，平台上东西两侧有方塔遗迹，约三层，风化非常严重。中间有一像龛，龛之两侧开两个明窗为窟照明。明窗之上最高处有一排十二个大形长方架梁孔洞。梁孔之上是山顶，顶上曾有"石室数间"。第三窟这样的石窟在云冈石窟中是一个奇物，在全国的石窟中也属罕见。石窟分前后室，前室上部左右各雕一塔，中间凿出一个弥勒窟室，左右为一对三层方塔。后室南面西侧雕刻有面貌圆润、肌肉健壮、花冠精美、衣纹华美的三尊造像，本尊坐佛高约 10 米，两菩萨立像各高 6.2 米。这三身造像刻在凸出的壁面的西侧，只占去壁面的三分之一，除此之外洞窟四壁没有其他造像。从这三像的风格和雕刻手法看，可能是初唐（公元 7 世纪）时雕刻的。

第三窟对于研究云冈石窟的开凿也具有重要价值。有学者根据对第三窟遗址的考古，发现了北魏文化层，这对解释北魏洞窟的开凿程序和方法提供了帮助。研究者根据 1993 年第三窟北魏遗址发掘中一些新发现的未完工遗迹现象认为，北魏时代的每一个大型石窟的开凿都应根据洞窟形制的设计要求进行，先凿出石窟的基本窟形，然后才进行壁面的雕刻造像。通过对第三窟遗址的研究推论，一般大型石窟的开凿大致可以划分为三个阶段，即第一阶段主要是凿出洞窟外部接近窟顶的崖壁；第二阶段主要是凿出洞窟外部明窗位置的崖壁，并通过明窗开凿洞窟内的上层空间；第三阶段主要是凿出洞窟外部门拱位置的前庭崖壁，由此开凿洞窟内的下层空间，石窟工程的计划性和目的性十分明确。这种论断对于北魏平城地区石窟乃至北魏其他地区石窟的开凿均有着十分重要的参考价值。

第四窟平面呈矩形，中央雕一长方形立柱，南北两面各雕六尊佛像，东西各雕三尊佛像。东壁的交脚弥勒像保存完整。南壁窟门上方有北魏正光纪年（520—525 年）铭记，这是云冈石窟现存最晚的铭记。

云冈石窟

四、云冈石窟的飞天艺术

(一) 飞天的来历

在闻名遐迩的云冈画廊里，在五万尊精美的雕像中，有一种格外引人注目的艺术形象——飞天。它是佛教造像中最为生动和令人喜爱的一种形象。飞天

在西方早已存在，它的形象类似长着羽毛翅膀的天使。在中国古代也有关于飞仙的传说，但是云冈石窟中出现的飞天形象却是深受印度影响。飞天本是佛教中一种想象的飞神，传说飞天能歌善舞，每当佛在讲法时，它们便翩翩起舞，奏乐散花，散发出香气，所以又被称为"香音神"。它们往往同时出现，形影不离，常常以多姿的飞行形象同时出现在一个画面里，被形

象的称为"飞天"。她们在佛国的天空中自由飞翔，娱乐于佛，所以在佛境中到处有她们的身影，正可谓"梵宇开金地，香龛凿铁围。影中群像动，空里众灵飞"。

(二) 影响飞天造型的因素

公元4世纪末，拓跋鲜卑控制了黄河以北的大部分地区，建立了北魏，迁都至平城，于是大同就成为当时北魏的政治、经济和文化中心。云冈石窟于公元453年开始大规模开凿，到孝文帝迁都洛阳之后才停止大规模的营造。一方面受到印度佛教思想东渐的影响，另一方面又有传统汉文化根基，所以飞天在造像风格上有明显的中西合璧的特点，云冈石窟成为中国石窟艺术史上第一次造像高峰时期的代表作。

公元 3 世纪石窟艺术传入中国，飞天也由印度经中亚传入中国，先至克孜尔，接着传到敦煌莫高窟，然后到中原各地。克孜尔石窟中的飞天在印度飞天的基础上加上了长长的飘带，有一种飘逸灵动的感觉，这是莫高窟飞天的雏形，敦煌莫高窟的飞天已被进行了改造。我国石窟中的飞天造型，从早期残留有西域特色，逐渐发展为更具中国传统文化的色彩，到了云冈石窟时飞天造型更具有中国特色了。

（三）云冈石窟的飞天造型

云冈石窟造像规模宏大，内容丰富，其中飞天造型生动多样。这些飞天有的在奏乐散花；有的在曼舞飞翔；有的在持物供养，秀骨清像的飞天布满洞壁。现存于云冈石窟中的飞天大概有二千三百余身。她们主要存在于洞窟的窟顶、明窗、龛楣等位置，这些飞天给云冈石窟增添了一抹亮色，她们或飞升、或疾落、或环绕、或陡转、或飘浮、或轻舞，当鼓乐齐鸣、锦瑟响起时，她们载歌载舞，随手弹奏，使得佛国的天空更加辽阔、祥瑞和自由。云冈石窟的飞天造型可分为三个时期：

早期的"昙曜五窟"中的飞天，受外来艺术风格的影响比较多，展示了云冈石窟早期飞天造型的特点。第二十窟露天大佛背光外缘西壁的残飞天是云冈石窟最有代表性的飞天，也有人称之为"菩萨形飞天"。这身飞天，身材健硕、头戴日月三珠定冠、颈戴项圈、袒露着上身斜披璎珞、裸露双足、身段微屈、头部有圆形光圈、面容平和、眉宇细长，这是典型的印度犍陀罗艺术造像的风

格。云冈石窟早期的飞天造型有很深的西域印记。

　　465—494年是云冈石窟开凿的第二时期，较之早期，在洞窟的形制、题材内容、造型风格和衣冠服饰等方面都有了很多变化，飞天的造型更加世俗化。如第九窟后室明窗顶部的飞天托莲花图，莲花雕刻细腻，花瓣层层相套，更加立体。莲花四周有八身飞天环绕，以莲花为中心，四周飞天造型形象生动。难得的是飞天的姿态、容貌都不相同，造型各异，有的屈腿半卧、有的直立、有的舒展，其中的四个飞天身材高大，体态健硕，面似男子，在这四个飞天之间穿插着四个身材娇小并束发的飞天，面容清秀，姿态轻柔，像是女子，她们有的双手轻托莲花，有的回首俯视，这些飞天的形象充分显示出了艺术家的高超技艺。

　　第三十四窟中的飞天是云冈晚期飞天造型的代表作。雕刻的线条粗犷豪放，形体被夸张的拉长，腰身更加纤细，一腿弯曲一腿伸直，不见足，上身穿小袄，下身着长裙，极富动感。这个时期的飞天去掉了圆形的头光，头顶高冠，长相上类似鲜卑族的姑娘，造型上较之前两个时期更加世俗化。一腿弯曲一腿舒展、不见足、无圆形头光等是晚期飞天造型的典型特点。

五、云冈石窟独特的审美价值

佛教石窟艺术，自古印度以来，其造像的宗旨始终是以神而建，为神礼赞。所谓的佛教艺术，就是对佛祖、诸神的艺术刻画，表达人们对神的膜拜，把人的现有苦难和将来寄托于一个超现实的世界。作为魏晋南北朝时期突出的艺术成就——云冈石窟则开创性地打破了由异域之神独自垄断佛教石窟艺术的格局，它在僵硬的艺术造像中注入了人的生命意识，即将人的内在追求与外在否定联系起来，构成了"人的觉醒"的本质内涵。魏晋南北朝时期是一个战乱频发的时期，人们生活在水深火热之中，难免对此前的鬼神迷信和两汉时期的经术、宿命论产生否定和怀疑，人的觉醒成为一个不可阻挡的趋势。云冈石窟所表现出来的"人的觉醒"具体体现在：

庄严独尊的帝王形象。最具代表性的就是昙曜五窟，这五窟是云冈石窟中开凿时间最早、规模最大、最具系统性的洞窟。这五尊"藏在山中惊天地"的巨大佛陀造像是昙曜奉旨修建的，不可避免地承载了当时统治阶层的意旨，把对神的膜拜转化为对祖先的怀念。《魏书·释老志》中记载："诏有司为石像，令如帝身，既成，颜上足下，皆有黑石，冥同帝体上下黑子"，"兴光元年秋，敕有司于五级大寺内，为太祖以下五帝，铸释迦立像五"，"皇帝即佛，佛即人主"的造像理念成为云冈佛教石窟人神同格的最显著的思想基础。他们用人的思维代替神的思维，试图用人的力量来改变自己的命运和历史的发展，那么祖先自然就成为造像的原型。昙曜五窟的原型依次是道武帝拓跋珪、明元帝拓跋嗣、太武帝拓跋焘、景穆帝拓跋晃和

文成帝拓跋濬。云冈佛教石窟艺术这种以人格代替神格，以祖先代替神仙的创作理念贯穿了拓跋鲜卑民族文化发展的始终，一直延续和影响了龙门石窟和中原其他的佛教石窟的艺术创造。

渺小的个体生命。云冈石窟中巨大的佛像和小巧的佛像形成鲜明的对比，给人一种强烈的视觉震撼。如果说巨大的佛陀造像是统治阶级的象征，那么小巧的千佛造像就是芸芸众生的代表。他们或雕于窟顶，或雕于柱体，第十八窟的巨佛造像斜披的袈裟上镌刻着众多的小千佛。庄严大像昭示着生命的高贵，那么千佛顶、千佛洞、千佛壁则是芸芸众生的纪念堂。个体生命存在的意义在这里被强调出来，构成了"人的觉醒"的新内涵。

云冈石窟已经摆脱了之前的唯神论的束缚，在这里压抑的个体生命得到了尊重，"人的觉醒"得到了淋漓尽致的体现。

中国著名石窟

六、云冈石窟何以"延年益寿"

（一）面临的问题

　　近年来，在污染和风化的不断侵蚀下，历经一千五百余年风雨的云冈石窟现状不容乐观。据调查发现，云冈石窟中风化损坏最严重的是东部、西部洞窟，石窟外壁的雕像和题记几乎被风化殆尽，其中第十六窟至第十九窟外壁上的千佛造像，现在已经无法辨认。许多石窟内的窟顶雕刻也呈板状脱落，个别窟顶岩石还有崩塌掉块的危险，很多砂岩表面轻轻一碰就会脱落。最令人惋惜的是云冈石窟最具特色的五华洞内的泥塑和壁画也受到了严重的损坏，洞内十八罗汉的泥塑发生崩塌，清代顺治年间绘制的壁画上出现起泡、空鼓等现象，而且日益严重。

云冈石窟

　　专家认为，环境污染和自然风化是云冈石窟受损的两大因素。大同是一个产煤的城市，煤在运输过程中难免会对当地的空气和建筑物产生一定的污染，另外用煤取暖也会造成一定的污染。根据云冈石窟研究院的《工业粉尘对云冈石窟的影响》报告显示，工业粉尘、当地煤矿采煤和居民烧煤产生的二氧化硫气体，是造成石窟损毁的"元凶"。工业粉尘落到石雕表面，有的深入石雕表面缝隙，很难去除；有的吸附了空气中的二氧化硫等气体和水蒸气，在金属离子的催化下，形成酸性环境，会对石雕造成一定的腐蚀；此外，粉尘中的盐和腐蚀生成的盐进入石雕表面孔隙，产生结晶压力，会导致石雕表面裂化。

　　与粉尘相比，由于水与岩石长期而缓慢的相互作用，造成云冈石窟的风化也很严重。而渗水

是造成石窟风化的主要原因。据统计，云冈石窟现有的 45 个主要洞窟中，有渗水记录的就有 21 个。不管是污染还是风化，水都是造成云冈石窟被破坏的最根本因素，云冈石窟研究院曾做过专门的实验，在二氧化硫浓度很高、湿度很低的环境下，石窟几乎没有受到破坏，只有在湿度高的情况下才会对石窟造成伤害。因此，防水工程是云冈石窟保护的重点，解决了水对石窟的破坏，再加上对环境污染的治理，就能极大地缓解石窟的破损。但是，治理石窟渗水是一个国际性的难题，保护石窟是一项长期的工程，不可能一劳永逸，也不是一代人能够解决的问题，需要我们共同的努力。

（二）采取的措施

云冈石窟建成一千五百年来，经受了无数次的战火，大部分时间处于无人管理的状况，因而自然损坏与人为破坏严重。据不完全统计，被盗往海外的佛头、佛像竟达一千四百多个，斧凿遗痕至今犹在。

"朱修圈圙，清修庙"，明代大同作为九边重镇之首，成为首都的北大门，先后修内五堡、外五堡、塞外五堡、云冈六堡。云冈堡于明嘉靖三十七年（1558年）土建，因地形低洼，北面受敌，于万历二年（1574 年）又建新堡于窟顶，因新堡缺水，复于二堡相联；东西修筑连墙二道，将石窟一分为三，肢解分割，支离破碎，在众多战争长期侵凌下，使石窟遭到破坏。此外，为防御蒙古，便于瞭望，每到深秋草木枯槁后都要点火烧荒，云冈堡作为大同镇七十二城堡之一，同样年年烧荒，致使云冈千年古树全部毁掉，由昔日的"树木蓊郁"变成一片焦土，使云冈水土流失，风沙遍地。明末李自成率领的大顺军攻占大同，挥戈北上，留过天星张天琳镇守大同，张驻扎云冈，将云冈木构窟檐全部烧毁。

云冈石窟历经一千五百年来，保护与破坏并存，自然风化与人为毁坏同在。直到新中国成立后，石窟才真正走上科学研究、科学保护、科学管理的轨道，从而被列入世界文化遗产。1949 年新中国成立后，云冈石窟受到中国各级政府的高度重视，得到有效的保护。1950 年，中央文化部、国家文物局派裴文中同志率领雁北文物勘察团到山西西北部进行调查，发表了《雁北文物勘察报告》；1955 年成立了云冈石窟的专门保护机构——大同市古迹保养所，后更名为云冈石窟文物保管所、云冈石窟文物研究所，专门负责云冈石窟保护、研究和管理工作；1960 年国家文物局召开"云冈石窟保护会议"，至此，揭开了云冈石窟科学保护的序幕。

随后，北京古代建筑修整所会同北京地质学院、中国科学院武汉分院化学研究所等有关单位的专家和工程技术人员共同合作，就云冈石窟的地质、水文地质、工程地质进行大规模的调查，并对云冈石窟的地形、气象及其他国内外有关石窟保护，防止岩石风化等相关资料进行了收集。经过初步的勘察与研究，全面了解了云冈地区的地质状况，找出岩石风化崩裂坍塌的原因，并提出了若干解决方案。1961 年，国务院公布云冈石窟为全国重点文物保护单位；1965 年，大同市政府公布实施了《云冈石窟保护范围与安全规划》，公布云冈石窟保

云冈石窟

护范围，包括重点保护区、安全保护区、地下安全线，形成上中下立体交叉与远中近多层保护体系。

1973—1976 年，在周恩来总理的指示下，国家投入巨资完成了对云冈石窟的大规模抢险加固工程，抢救了一大批洞窟。多年来云冈石窟开展了大量的保护工作，建立了石窟文物研究所，针对石窟坍塌、风化的问题，不断进行着石窟保护的科学研究与实验，取得了一批科研成果，为云冈石窟的保护提供了科学依据。1990年开始进行"云冈石窟八·五保护维修工程"，针对造成石雕风化的两个主要原因即水和大气污染采取了防渗排水、改善环境、修建保护性窟檐等措施，先后完成了降低窟前地面，修筑排水渠道；修建第七、八窟木结构保护性窟檐；在石窟崖顶绝对保护区修建保护性围墙；局部石窟顶部防渗排水实验研究工程；洞窟保护维修加固等多项工程，取得良好的效果。1997 年 8 月 22 日，大同市第十届人民代表大会常务委员会第三十一次会议通过《大同市云冈石窟保护管理条例》，此条例是全国大型石窟寺关于保护方面的第一个地方性法规。它的颁布实施，对云冈石窟的保护必将起到积极的作用。

此外，为了解决煤尘和废气对石窟造像的污染问题，国家实施了 109 国道云冈段的改线工程，将 109 国道云冈改线 26 公里，从而彻底解决了 109 国道段对云冈石窟的污染问题。同时，大同市人民政府投资 1 800 万元，将原 109 国道云冈段辟为云冈旅游专线，并对专线两侧及视线所及范围内进行多次大规模绿化，极大地改善了云冈石窟的周边环境。

文化是城市的生命之根、风貌之基，是不可再生的稀缺资源。大同市政府深刻认识到了这一点，云冈周边环境综合整治已全面启动，这次综合治理以云冈石窟为核心，以云冈峪沿途景点为辅助，旨在精心打造核心景区、统筹建设沿途景点。工程总投资17亿元，核心景观区域120万平方米，辐射景观区域一百零四万平方米。进一步加大了对云冈石窟的管理和保护工作力度，投入巨资拆除了违章建筑，加强了绿化和环境整治。经过多年的绿化，如今的云冈石窟周边排列着整齐的树木，云冈峪一眼望去，也漫山遍野都是绿色，正所谓"绿树织就锦绣毯，银蛇绿带随风舞，飞天婆娑大佛笑，小河潺潺映倒柳"。

保护文化遗产是每个公民的责任。千古兴亡事，成败皆因人，如果我们能坚持走科学保护，精心研究，文明开发，永续利用的可持续发展之路，云冈石窟必将如一颗璀璨的明珠，散发出更加灿烂夺目的光彩。

云冈石窟

龙门石窟

龙门石窟与云冈石窟、敦煌莫高窟和天水麦积山石窟并称中国"四大石窟"，龙门石窟是北魏、唐代皇家贵族发愿造像最集中的地方，是皇家意志和行为的体现，具有浓厚的国家宗教色彩。龙门石窟延续时间长，跨越朝代多，所处地理位置优越，自然景色优美，是许多石窟难以比拟的，以大量的食物形象和文字资料从不同侧面反映了中国古代政治、经济、宗教、文化诸多领域的发展变化。

龙门石窟

一、龙门石窟概况

龙门石窟与山西云冈石窟、敦煌莫高窟和天水麦积山石窟齐名，并称中国"四大石窟"。所谓"石窟"，就是在石壁山崖上开凿的洞窟或是天然形成的石洞，用以藏身或贮藏食物和东西。然而石窟寺却是在古印度佛教兴起后出现的，随着僧侣的传教活动传入我国的边疆和内地，同我国民族特点和传统的艺术风格融合交汇，形成我国特有的一种雕刻、彩绘工艺。石窟本身及窟外的建筑处理和石窟中的艺术品所表现的古代建筑、绘画、碑刻成为中国历史上各时代建筑、绘画、书法艺术等方面的反映。

龙门石窟位于洛阳城南 13 公里处，这是一个风景秀丽的地方，有东、西两座青山对峙，伊水缓缓北流。诗人们留下的"凿山导伊流，中断若天辟""峥嵘两山门，共挹一水秀"诗句，便是极好的写照。远远望去，龙门犹如一座天然门阙，所以古称"伊阙"。伊阙自古以来，就是游龙门的第一景观。唐代诗人白居易曾说过："洛阳四郊山水之胜，龙门首焉。"由于地处都城之南，古代帝王拟已为"真龙天子"，故又称"龙门"。龙门自古为险要关隘，是兵家必争之地。

历史上，洛阳曾是东汉、北魏和武周等朝代的都城。因山清水秀，环境清幽，气候宜人，万象生辉，素为文人墨客观游胜地。东汉时佛教开始传入中国，永平年间建成了号称中国佛教第一名刹的洛阳白马寺。北魏皇帝普遍崇尚佛教，而武则天对佛教更是笃信有加。为了表示对佛祖的虔诚，他们在洛阳大兴土木，龙门石窟就是其中最有名的一处。如今，保存在伊阙两山的这些数以千计的像龛，绝大多数都是这两个时期所营造的。北魏时期的大型洞窟主要有古阳洞、宾阳中洞、莲花洞、火烧洞、魏字洞、石窟寺及普泰洞、路洞等等，唐代的主

中国著名石窟

要洞窟有奉先寺、宾阳南洞、宾阳北洞、潜溪寺、敬善寺、万佛洞、双窑、惠
简洞、擂鼓台三洞、高平郡王洞、看经寺、唐字洞、极南洞、净土堂和摩崖三
佛龛等等。

　　龙门石窟风景名胜区主要由龙门石窟、香山寺和白园等组成，这些景点或
山清水秀，曲径通幽；或奇峰怪石，流泉飞瀑，令许多游人流连忘返。龙门石
窟开凿于北魏孝文帝迁都洛阳之际（493 年），迄今已有 1500 多年的历史。之
后历经东魏、西魏、北齐、隋、唐、五代的营造，断续营造达 500 余年，密布
于伊水东西两山的峭壁上，从而形成了南北长达 1 000 米、具有 2 300 余座窟
龛、10 万余尊造像、70 余座佛塔、3 600 余块碑刻题记的石窟遗存，其中以宾
阳中洞、奉先寺和古阳洞最具有代表性。龙门石窟最大的佛像高达 17.14 米，
最小的仅有 2 厘米，体现了我国古代劳动人民极高的艺术造诣。

　　龙门石窟是北魏、唐代皇家贵族发愿造像最集中的地方，是皇家意志和行
为的体现，具有浓厚的国家宗教色彩。其中古阳洞集中了北魏迁都洛阳初期的
一批皇室贵族和宫廷大臣的造像，典型地反映出北魏王朝举国崇佛的历史情态。
这些形制瑰异、琳琅满目的石刻艺术品，代表着石窟寺艺术流入洛阳以后最早
出现的一种犍陀罗佛教美术风格，是
中国传统文化与域外文明交汇融合的
完美见证。

　　唐代龙门石窟以大卢舍那像龛群
雕最为著名。这座依据《华严经》雕
凿的摩崖式佛龛，以雍容大度、气宇
非凡的卢舍那佛为中心，用一周极富
情态质感的美术群体形象将佛国世界
那种充满了祥和色彩的理想意境表达
得淋漓尽致。这组雕像充分体现了大
唐帝国强大的物质力量和精神力量，
显示了唐代雕刻艺术的最高成就。

　　龙门石窟延续时间长，跨越朝代
多，所处地理位置优越，自然景色优
美，是许多石窟难以比拟的。龙门石

龙门石窟

窟以大量的实物形象和文字资料从不同侧面反映了中国古代政治、经济、宗教、文化等许多领域的发展变化，为中国石窟艺术的创新与发展作出了重大贡献。1961年国务院公布龙门石窟（含白居易墓）为全国第一批重点文物保护单位。1982年龙门风景名胜区被公布为全国第一批国家级风景名胜区。2000年11月，联合国教科文组织将龙门石窟列入《世界遗产名录》。2006年1月被中央文明办、建设部、国家旅游局联合授予全国文明风景旅游区。2007年5月被国家旅游局评定为全国首批5A级景区。

　　龙门石窟洋溢着信仰情感的文化遗存，极具异域格调的外在形态和充满着人文意识的内在涵养，是古代社会广大人民对现实世界充满祈求意愿的物质折射。中华民族向往美好生活的精神追求和成效卓绝的创造能力，透过这一遗响千载的人文景观可以得到透彻的解说。由于石窟雕刻恢弘壮观、博大精深的艺术气象感染着祈求人生幸福的芸芸众生，以佛教造像为主体的龙门地区便吸引着众多善男信女慕名而来。

二、历史沿革

龙门东西两山为地质史上"古生代"石灰岩，石质坚硬，不易风化，宜于精雕细刻；又因近于魏、隋、唐帝都，为全国政治、经济、文化中心，经济发达，交通便利，山势天成，风景秀丽，气候温和，北魏、隋、唐时王朝又崇佛热衷建造石窟，佛教发展迅速，洛阳曾长期是佛事活动的中心，所以龙门造像应运而生，密如蜂房。

（一）北魏：第一个兴盛期

龙门石窟始建于北魏太和年间，此后在东魏与西魏、北齐与北周、隋、唐、五代、北宋、明都有修复和续作，其中以北魏和唐代的开凿活动规模最大，长达150年之久。

493年，北魏孝文帝下令从平城（今山西大同）迁都洛阳。笃信佛教的孝文帝迁都的同时，没有忘记把佛教的发展中心也转移到洛阳来，他组织修建寺院。在此前后还在洛阳以南的龙门伊水两岸，依山开窟造像，由此一个神奇大型石窟群——龙门石窟开始创建。

从魏孝文帝迁都洛阳到孝明帝时期的35年间，是龙门开窟雕造佛像的第一个兴盛时期。这一时期开凿的洞窟大都集中在龙门的西山上，约占龙门石窟造像的三分之一。其中最著名的有古阳洞、宾阳三洞、药方洞等十几个大中型洞窟，开凿最早的就是古阳洞，它开凿于493年，而在中国历史上，这一年是北魏太和十七年，正是北魏王朝孝文帝迁都洛阳的那年。古

龙门石窟

阳洞中大小列龛数以百计，不但展示佛教故事众多，龛上图案的装饰也十分精美华丽，严谨完整，丰富多彩。

北魏晚期还开凿过一些很有特点的洞窟，如莲花洞、火烧洞、皇甫公洞、魏字洞等，其中比较著名的就是药方洞。药方洞因其洞窟内刻有大量古代的药方而得名，洞中雕刻的一些药方，还能治疗现代人所说的疑难杂症，比如治疗消渴，也就是糖尿病。这些药方比唐代医学家孙思邈的《备急千金要方》还要早。

北魏王朝在洛阳龙门开窟造像活动的终结是以宾阳中洞的停工为标志的。

（二）唐朝：第二个兴盛期

随着北魏王朝的灭亡，龙门石窟的开凿趋于衰落，沉寂了将近一个世纪。直到唐王朝的建立，龙门石窟迎来了历史上开窟造像的第二次兴盛时期。唐代开凿的第一个洞窟是位于龙门西山北端的潜溪寺，最有代表性的洞窟有潜溪寺、万佛洞、奉先寺大像龛等。

虽然石窟造像属于佛教艺术，但它跟政治紧密相连。唐代开窟造像在唐高宗和武则天时期达到了鼎盛，从龙门许多唐代石刻造像中，还可以窥见武则天一步步走上女皇宝座的踪迹。万佛洞完工于唐高宗永隆元年十一月，是专为唐高宗、武则天做"功德"而开凿的功德窟，也是以唐朝宫廷内道场供奉者智运等为首的一批御用僧尼，奉命集体为唐高宗及武则天发愿雕造的。武则天特别崇信弥勒，为此，她在龙门广造弥勒佛。千佛洞、惠简洞、大万五佛洞、极南洞和摩崖三佛都是以弥勒佛为主尊的洞窟。

奉先寺大卢舍那像龛是唐高宗及武则天亲自经营的皇家开窟造像工程，工程设计和施工均由高宗亲自任命制定。为此，武则天曾经于咸亨三年捐出"脂粉钱二万贯"，而当地更是传说卢舍那大佛就是武则天的化身。卢舍那佛被赋予了女性的形象：面容丰腴饱满，细眉修长，眉若新月，眼睑下垂，双目俯视，嘴巴微翘而又含笑不露，她庄重而文雅、睿智而明朗。传说，唐高宗上元年除夕，时值奉先寺竣工之日，武则天亲自率领文武朝臣驾临龙门，参加主佛卢舍那的开光仪式。

龙门石窟在唐代的造像与北魏比较有了很大的变化。在唐代的造像题材中弥勒佛的造像数量仅次于阿弥陀佛，释迦却显著减少，菩萨中以文殊、观世音为最多。在艺术上，唐代的圆刀代替了北魏平直的刀法，佛像衣纹更加流动飘逸，力士夜叉浑身肌肉突起，既符合解剖的原理，又适当加以夸张，充满雄强的气势和向外迸发的力量。它们在借鉴外来雕刻技艺的同时，还吸取了中原地区传统的艺术手法。

龙门石窟开凿的第二个高潮结束于 705 年前后，这一年武则天退位，同年去世。而龙门石窟的辉煌历史，也伴随着弥勒神灵的消失，从绚烂的顶峰跌落了下来。

（三）盗凿破坏与修缮

龙门石窟自建造以来，人为的盗凿破坏情况十分严重。唐武宗时期的灭佛运动使石窟蒙难，清末和民国初年的游记史料记载了当时石窟造像被盗严重。此外，民国政府为从南京迁都洛阳，修建龙门西山下道路时也炸毁了大量的山麓佛龛。由于战乱管理空虚，1930 年到1940 年龙门石窟造像受到了疯狂的盗凿，许多头像、碑刻、浮雕被日本、美国的文物商人收购。1949 年以后直到 1980 年末龙门石窟受到人为破坏的状况已有改善，但大量石像已遭受了严重的蓄意破坏，为数众多的石像脸部被削平打碎，无法辨识或复原。随着旅游开发，1980

右侧竖排：龙门石窟

年后又出现少数人为的破坏。2000 年，龙门石窟被列为世界文化遗产，之前附近的环境也得到当局的整治，拆除了附近的人造景观。

龙门石窟断断续续开凿了四百多年，不同时期的能工巧匠苦心营造，在龙门石窟创造出不朽的艺术作品，使其成为我国石刻艺术博物馆。龙门石窟自北魏开凿以来，已经历了一千五百多年的沧桑，它见证了中国历朝历代的演变，见证了中国佛教文化的发展，具有深厚的文化价值、历史价值和文物价值。

三、艺术特色

世界遗产委员会评价龙门地区的石窟和佛龛再现了中国北魏晚期至唐代（493—907 年）的历史，是最具规模和最为优秀的造型艺术。这些翔实描述宗教题材的艺术作品，代表了中国石刻艺术的最高峰，从其艺术特色看，龙门石窟确实为世界最伟大的古典艺术宝库之一。

（一）中国石窟艺术的"里程碑"

龙门石窟规模宏大，气势磅礴，窟内造像雕刻工艺精湛，内容题材丰富。它以自身系统、独到的雕塑艺术语言，揭示了雕塑艺术创作的各种规律和法则。在它之前的石窟艺术均较多地保留了犍陀罗和秣菟罗艺术的成分，而龙门石窟则远承印度石窟艺术，近继云冈石窟风范，与魏晋洛阳和南朝先进深厚的汉族历史文化相融合开凿而成。所以龙门石窟的造像艺术一开始就融入了对本民族审美意识和形式的悟性与强烈追求，使石窟艺术呈现出了中国化、世俗化的趋势，堪称展现中国石窟艺术变革的"里程碑"。

（二）个性鲜明、结构完整

根据《保护世界文化和自然遗产公约》第一条中对于文化遗产的说明"从历史、艺术或科学角度看具有突出的普遍价值的建筑物、碑雕和碑画、具有考古性质成分或结构、铭文、窟洞以及联合体"，龙门石窟是一项伟大的雕塑杰作，无论在历史方面、宗教方面还是在雕刻艺术方面，都具有丰富的独创性和

鲜明的典型性，符合文化遗产的定义。

龙门石窟不仅包括了北魏、唐代时期塑造的佛像群体，体现了其自身结构的完整性，而且还能与所在周边环境很好地融合，丝毫不显得呆板。1500多年来，龙门石窟虽个别窟龛局部有围岩崩塌、窟内壁面剥落、少数石刻艺术品被石灰岩凝浆覆盖、少量文物近代被盗、局部石刻品受风化剥蚀脱落外，大部分窟龛造像及装饰艺术等保存尚好，基本还保持着原来的规模和风格面貌，是中国众多佛教石窟群中保存较完好的石窟之一。因此龙门石窟符合自然遗产的完整性要求。龙门石窟造像是我国珍贵的文化遗存，它不仅从一个侧面反映了南北朝、隋唐时期皇家对于佛教的信仰状况，有助于我国古代佛教史的研究，还体现出当时的手工劳动者精湛的雕刻工艺和无与伦比的审美观，是一笔丰厚的文化宝藏，无愧于世界文化遗产的称号。

（三）皇家风范、富丽堂皇

龙门石窟是北魏、唐代皇家贵族发愿造像最集中的地方。皇室贵族拥有雄厚的人力、物力条件，他们所主持开凿的石窟必然规模庞大、富丽堂皇，汇集当时石窟艺术的精华，因而龙门石窟是十分具有代表性的。这些洞窟的开凿是皇家意志和行为的体现，具有浓厚的国家宗教色彩。龙门石窟的兴衰，不仅反映了中国5—10世纪皇室崇佛信教的盛衰变化，同时从某些侧面也反映出中国历史上一些政治风云的动向和社会经济态势的发展，它的意义是其他石窟所无法比拟的。

此外，龙门石窟艺术表现出印度文化与中国文化相融合的特点，它是北魏王朝迁都洛阳实行汉化，与魏晋洛阳和南朝地区先进而深厚的汉文化相融合、碰撞开凿而成的。因此，从开创之始就具有世俗化、中国化的趋势，而有别于西部、北部、西南部的石窟艺术。

中国著名石窟

（四）雕刻风格多变、博采众长

北魏和唐代的造像反映出迥然不同的时代风格。北魏造像在这里失去了云冈石窟造像粗犷、威严、雄健的特征，而生活气息逐渐变浓，趋向活泼、清秀、温和。这些北魏造像，脸部瘦长，双肩瘦削，胸部平直，衣纹的雕刻使用平直刀法，坚劲质朴。北魏时期人们崇尚以瘦为美，所以佛雕造像也追求秀骨清像式的艺术风格。而唐代人则以胖为美，所以唐代的佛像脸部浑圆，双肩宽厚，胸部隆起，衣纹的雕刻使用圆刀法，自然流畅。龙门石窟的唐代造像继承了北魏的优秀传统，又汲取了汉民族的文化，创造了雄健生动而又淳朴自然的写实作风，达到了佛雕艺术的顶峰。

（五）艺术精湛、史料丰富

龙门石窟也是书法艺术的宝藏。龙门石窟是我国古碑刻最多的一处，有古碑林之称，其中久负盛名的龙门二十品和褚遂良的伊阙佛龛之碑，分别是魏碑体和唐楷的典范，堪称中国书法艺术的上乘之作。

著名的书法精品龙门二十品，是后代碑拓鉴赏家从龙门石窟众多的石刻造像题记中精选出来的书法极品。这些碑刻不仅记录了发愿人造像的动机、目的，还为石窟考古分期断代提供了依据。龙门二十品代表了魏碑体，字形端正大方，气势刚健有力，是隶书向楷体过渡中的一种字体，有十九品在古阳洞内。清代学者康有为在《广艺舟双楫》中称魏碑有"结构天成、笔法跳跃、精神飞动、血肉丰美"等十美，给龙门二十品以极高的评价，大力提倡学习书法应从龙门二十品入手。时值今日，魏碑体还作为标语、装潢用字被广泛使用。由此可见，二十

龙门石窟

93

品在书法艺术史上占有举足轻重的地位。

龙门石窟是佛教文化的艺术表现，但它也折射出当时的政治、经济以及文化时尚。龙门博物馆藏有造像36座、题记8块、雕像48件、器物32件、瓷器64件、青铜器32件、砖雕64块、石刻16件、书画碑刻160件，这些实物保留有大量的宗教、美术、书法、音乐、服饰、医药、建筑和中外交通等方面史料，是我国珍贵的文化遗产。龙门石窟艺术为研究我国古代历史，特别是雕刻、绘画、书法、建筑、服饰、乐舞、图案纹样以及时代社会风尚等方面，提供了大量的珍贵资料。

中国著名石窟

四、主要洞窟

（一）西山石窟

1. 潜溪寺

潜溪寺是龙门西山北端第一个大窟，为唐高宗年间（650-683年）所造。它高、宽各九米多，进深近七米，窟顶藻井为一朵浅刻大莲花。

中国著名石窟

洞内造像布局为一佛、二弟子、二菩萨、二天王。主像阿弥陀佛居中坐于束腰方台座上，通高7.8米。该像身体各部比例匀称，面容丰圆，胸部隆起，表情静穆慈祥，神情睿智，整个姿态给人以静穆慈祥之感，是一个比较理性化的典型，极富初唐伟丽的作风。主佛两侧的观世音、大势至菩萨造型完好，身体比例适中，造型丰满敦厚，表情温雅文静，富于人情味，从面相及胸部和腰部的曲线和比例可以窥其为初唐的典型。阿弥陀佛和观世音、大势至菩萨合称为"西方三圣"（亦作"阿弥陀三尊"），即掌管西方极乐世界的三位圣人，是佛教净土宗尊奉的对象。本洞无论从规模还是从造像艺术、雕刻技法来看都颇具皇家风范，是龙门初唐时期雕刻艺术的典型代表。

隋唐时代是中国佛教发展的又一个繁盛期。佛教学风在"破斥南北、禅义均弘"形势下，南北佛教徒们不断地交流和互相影响，完成了对以前各种佛教学说的概括和总结，从而使佛教中国化的趋向更加明显，也使佛教造像艺术充满了清新与活力。因此，在造像艺术上发生了不同于北魏时代造像风格的变化，潜溪寺中的造像已揭开了盛唐那种丰腴、典雅的造像风格的序曲。

2. 宾阳中洞

宾阳三洞即中洞、北洞、南洞的俗称，因统一规划、有计划开凿且并排布局而得名。宾阳三洞开凿于北魏时期，是北魏的宣武帝为其父亲孝文帝做功德而建。它开工于北魏宣武帝景明元年（500年），到正光四年（523年）六月完工，历时24年，用工达80余万个，后因为发生宫廷政变以及主持人刘腾病故等原因，计划中的三所洞窟（宾阳中洞、南洞、北洞）仅完成了一所即宾阳中洞，南洞和北洞都是到初唐才完成了主要造像。宾阳三洞是由三个朝代雕刻成的，因此所雕的佛像在造型和表情上各有不同。

宾阳中洞是北魏时期的代表性作品。中洞在北魏时称灵岩寺，明清以后才改称宾阳洞。"宾阳"意为迎接出生的太阳，传说是根据道教八仙之一吕洞宾之字（洞宾）和号（纯阳）的末两字相加而命名的。

宾阳中洞内深12米，宽10.9米，高9.3米，为马蹄形平面，穹隆顶，好像蒙古包的顶部。中央雕刻重瓣大莲花构成的莲花宝盖，莲花周围是八个伎乐天和两个供养天人。他们衣带飘扬，迎风翔翔在莲花宝盖周围，姿态优美动人。莲花周边还有莲花花瓣、水波纹和其他装饰图案，如同鲜艳美丽的地毯式样。这种形式使人很自然地联想起北方游牧民族的生活。

洞内为三世佛题材，即过去、现在、未来三世佛。北魏由于受《法华经》影响较大，除了信仰释迦、多宝外，还信仰三世佛。在龙门石窟仅此一例。主佛为释迦牟尼，他是佛教的创始人，原名叫乔达摩·悉达多，原是古印度净饭王的儿子。他和孔子生活在同一时代，比孔子要年长12岁。他在29岁时出家修行，历经六年悟道成佛，创立了佛教。由于北魏时期崇尚以瘦为美，所以主佛释迦牟尼面颊清瘦，脖颈细长，体态修长，眉目疏朗，嘴角上翘，表情温和，神采飘逸。造像手法已和北魏鲜卑族拓跋部固有的粗犷敦厚之风有所不同，而是吸收了中原地区汉民族文化的成分和当时南朝所流行的"清瘦俊逸"的风尚，形成了迁都洛阳后佛教造像"秀

骨清像"的艺术形式。衣襟纹理周密刻画，雕刻手法采用的是北魏的平直刀法，有明显西域艺术痕迹。由于北魏孝文帝迁都洛阳后实行了一系列的汉化政策，所以洞中主佛的服饰一改云冈石窟佛像那种偏袒右肩式袈裟，而身着宽袍大袖袈裟。衣裙下部雕作羊肠纹拖在基座前部，一层一层折叠着。这种雕造风格迅速在全国流行开来，成为北魏时期佛教艺术中国化、民族化的造像特色。

释迦牟尼左右侍立迦叶、阿难二弟子，文殊、普贤二菩萨。迦叶形象老成持重，阿难形象活泼开朗，望之栩栩如生。佛像的衣饰都由北魏早期的袒露右肩和通肩式变为褒衣博带式，是孝文帝实行的汉化政策在石刻艺术上的反映。二菩萨含睇若笑，文雅敦厚，给人以亲切感。左右壁还各有造像一铺，都是一立佛、二菩萨，着褒衣博带袈裟，立于覆莲座上。佛、菩萨体态修长，表情温和，神采飘逸，是北魏晚期风行的"秀骨清像"的典型代表。这种造像手法与现实生活中的人物形象接近了许多，正是孝文帝改制在龙门石窟造像上的反映。地面刻莲花图案装饰，示意莲花宝池；窟顶中间浮雕一朵盛开的大莲花；周围有八身伎乐和两身供养天，加之流苏帷幔构成一莲花宝盖。

洞中前壁南北两侧，自上而下有四层精美的浮雕。第一层是以《维摩诘经》故事为题材的浮雕，叫做"维摩变"；第二层是两则佛本生故事；第三层为著名的帝后礼佛图；第四层为"十神王"浮雕像。值得一提的是位于第三层的帝后礼佛图，充分反映了宫廷的佛事活动，刻画出了佛教徒虔诚、严肃、宁静的心境，造型准确别致，制作精美，构图美妙，代表了当时生活风俗画高度发展的水平，具有重要的艺术价值和历史价值。遗憾的是，在 20 世纪 30 年代被盗往国外，现在分别陈列在美国纽约大都会博物馆和美国堪萨斯州纳尔逊艺术博物馆。

3. 宾阳南洞

宾阳南洞自北魏开凿，经隋代至唐初（595—618 年）完成。宾阳南洞体现的艺术风格，上承北魏时期的刚健雄伟，下启盛唐时期的生动活泼，洞内众多的造像题记为研究者提供了珍贵的文字资料。宾阳南洞的洞窟为北魏时期开凿，但洞中几尊主要的佛像都是在初唐完成的。洞中主佛为阿弥陀佛，面相饱满，双肩宽厚，体态丰腴，衣纹自然流畅，体现了唐朝以胖为美的风格。宾阳南洞是唐太宗李世民的第四子魏王李泰在北魏废弃的基础上又续凿而成，为其生母长孙皇后做功德而建，属于过渡时期的作品。

4. 宾阳北洞

宾阳北洞始凿于北魏时期，唐朝初年（641—650年）完成。洞中所供主像为阿弥陀佛，高近十米，火焰纹背，结跏趺坐，双手平分指天、地，形象而生动。称作"施无畏印"，即天地之间唯我独尊。就是佛祖释迦牟尼出生后站在莲花上，一手指天、一手指地所说的"天上天下，唯我独尊"。左右两侧南北浮雕二天王。其造型威武，刚强有力。洞口两侧"龙头"柱基与大同北魏司马金龙墓出土的柱基造型风格相同，属北魏晚期之作品。

5. 摩崖三佛龛

摩崖三佛龛地处西窟，凿造于武周时期（即690年左右），所造三佛代表过去、现在、将来，系典型的三世佛题材。这一窟因临山摩崖造像且题材为三佛，故称为摩崖三佛龛。

摩崖三佛龛共有七尊造像，其中三身坐佛，四身立佛。三坐佛以弥勒佛为主尊居中，左、右二结跏趺坐佛，这种造像组合在我国石窟寺中极为罕见。主佛弥勒坐于方台座上，头顶破坏，仅雕出轮廓，未经打磨。据佛经记载，弥勒佛是"未来佛"，是作为现在佛释迦牟尼的接班人而出现的。

该窟无题记，结合文献研究，该窟应为武则天利用弥勒信仰为其登基制造舆论，登基后又自称"慈氏"（即弥勒），宣扬武氏为"弥勒"下凡，以利于稳固政权，从而推动了弥勒信仰的风行。摩崖三佛龛的开凿正是在这样的历史背景下出现的，因武氏晚年发生了张柬之

策动的政变，随着武周政权的垮台，摩崖三佛龛也因此而中辍。虽然这组造像是半成品，却为我们了解石窟造像的开凿程序，即一块石头怎样变成一个顶礼膜拜的神佛，提供了宝贵的实物资料。

6. 万佛洞

万佛洞在宾阳洞南边，因洞内南北两侧雕有整齐排列的一万五千尊小佛而得名。洞窟呈前后室结构，前室造二力士、二狮子，后室造一佛二弟子二菩萨二天王，是龙门石窟造像组合最完整的洞窟。洞中刻像丰富，南北石壁上刻满了小佛像，很多佛像仅一寸或几厘米高。窟顶有一朵精美的莲花，环绕莲花周围的为一则碑刻题记："大唐永隆元年十一月三十日成，大监姚神表，内道场运禅师，一万五千尊像一龛。"洞口过道北侧上有"沙门智运，奉天皇太后太子诸王敬造一万五千尊像一龛"的题记。两个题记互为补充，永隆为高宗李治的年号。大监为宫中的女官。沙门智运和内道场运禅师，指比丘尼智运的号。因该洞为智运奉旨修造，所以又叫"智运洞"。天皇指唐高宗，天后指武则天，因洞内刻有一万五千尊佛像，又叫"万佛洞"。这说明了该洞窟是在宫中二品女官姚神表和内道场智运禅师的主持下开凿的，完工于唐高宗永隆元年（680年）。

万佛洞高 5.7 米，宽 5.8 米，深 6.7 米。洞内主佛为阿弥陀佛，高约 4 米，有圆光和身光，端坐于双层八角莲花座上，一手贴身斜举胸前，一手抚膝，头饰波状发髻，面相丰满圆润，两肩宽厚，简洁流畅的衣纹运用了唐代浑圆刀的雕刻手法。主佛施"无畏印"，表示在天地之间无所畏惧，唯我独尊。主佛端坐在莲花宝座上，在束腰部位雕刻了四位金刚力士，筋肌突起、体大勇猛，那奋力向上的雄姿与主佛的沉稳形成了鲜明的对比，也更加衬托出主佛的安详。主佛背后还有54朵莲花，每朵莲花上都端坐有一位供养菩萨，她们或坐或侧，或手持莲花，或窃窃私语，神情各异，像是少女的群体像，构思新颖奇特。54代表着菩萨从开始修行到最后成佛的阶位，即十信、十住、十行、十回向、十地、四加行心。每枝花上坐着一菩萨或供养人，壁顶上浮雕伎乐人，个个婀娜多姿、形象逼真、姿态生动、富于变化、造型别致、独具匠心。

在南北两壁的壁基上各刻有六位伎乐人，分乐伎和舞伎。乐伎手执乐器有瑟、竽、钹、荃溪、笛子、西腰鼓等，这是唐代宫廷的"坐部"乐队，它们或吹或弹或拨弄琴弦，形象生动传神，仿佛会奏出优美的旋律。舞伎在悠扬的乐曲声中体态轻盈，婀娜多姿，衣袂飘飘，翩翩起舞，将唐朝宫廷中的舞乐场面表现得活灵活现，真可谓工匠们的神工之处。整个洞窟金碧辉煌，向人们展现了西方极乐世界的理想国土，烘托出一种热烈欢快、万众成佛的气氛。

洞口南侧还有一尊观音菩萨像，匀称适度，表现了"万法皆空归南海，一尘不染静禅心"的佛家至高境界。菩萨通高85厘米，头部向右倾斜，手提净瓶举尘尾，体态圆润丰满，身体呈"S"形的曲线，整个姿态显得非常优美端庄，十分传神。我国著名戏剧大师梅兰芳早年参观龙门时，被她那优美的形象所吸引并大加赞赏，此后经过艺术加工成功地运用到他的表演中。

万佛洞的营造是统一规划雕凿的，其整体布局与人物形象的刻画，极富世俗性。宗教的主题与"皇帝即佛"的创作意图相结合，在极大程度上造成了天国主宰即是人间君主的至高无上的气概。满壁生辉的万佛及洞窟群像的雕刻相互映衬，使整座窟室洋溢着令人敬畏的氛围。万佛洞的布局和人物刻画都达到了神形兼备的艺术效果，它是古代匠师把丰富想象同现实生活紧密相结合的产物，将大唐帝国的繁荣昌盛与文化艺术的高超造诣展现得淋漓尽致。

龙门石窟

7. 莲花洞

莲花洞因窟顶雕有一朵高浮雕的大莲花而得名，此洞开凿于北魏孝昌年间（526—528年前后），属于北魏后期作品。莲花是佛教象征的名物，意为"出污泥而不染"。因此，佛教石窟窟顶多以莲花作为装饰，但像莲花洞窟顶这样硕大精美的高浮雕大莲花，在龙门石窟并不多见。莲花周围的飞天体态轻盈，细腰长裙，姿态自如，婀娜多姿，生动传神，而天衣、云彩随着天女的舞动，如随着音乐的旋律在翻飞、飘扬，使整个藻井一改以前

的宁静幽深而变得灵动起来。

此洞高6.1米，深6.15米，洞内正壁造一佛二弟子二菩萨，主像为释迦牟尼立像，高6米，着褒衣博带式袈裟，衣褶简洁明快。这是释迦牟尼的游说像，即释迦牟尼外出讲经说法时的形象。二弟子是浅浮雕，左侧弟子迦叶深目高鼻，胸部筋骨突兀，手持锡杖，身披厚重的袈裟，艰辛跋涉、风尘仆仆，似一西域苦行僧，可惜其头部早年被盗，现存法国吉美博物馆。菩萨像清秀华丽，仿佛显现着佛陀世界的庄严和繁荣。

莲花洞南北两壁上方各有似为《法华经》所指十方分身佛的小千佛浮雕，每个高度仅有2厘米左右，却生动细致、栩栩如生，他们是龙门石窟雕刻中最小的佛像。在坚硬的石壁上雕刻如此小的佛，而又如此精工细作，确实为龙门一绝。这些浮雕布局或层次分明，或错落有致，龛额构图精美，既有尖拱、楣拱、屋檐拱，又有璎珞、帷幕、流苏，还有云纹、卷草纹、几何纹以及莲花、宝相花等，精雕细刻，变化多端。

8. 奉先寺

"奉先"即奉供祖先之意。奉先寺是龙门石窟中雕刻最大、艺术最精湛、气势最磅礴、最具有代表性的一组摩崖型群雕。据碑文记载，此窟开凿于武则天被立为皇后的永徽六年（655年）之后，完工于上元二年（675年）乙亥十二

月三十日，费时约 21 年。南北宽 34 米，深 38 米，大像龛环北、西、南三壁雕一佛、二弟子、二菩萨、二天王、二力士共九身大像。洞中佛像明显体现了唐代佛像艺术特点，面形丰腴、两耳下垂，形态圆满、安详、温存、亲切，极为动人。

石窟正中卢舍那佛坐像为龙门石窟最大的佛像，传说卢舍那大佛的脸是根据武则天的面容建造的。它身高 17.14 米，头高 4 米，耳朵长 1.9 米，造型丰满、仪表堂皇、衣纹流畅、圆融和谐、安详自在，具有高度的艺术感染力，实在是一件精美绝伦的艺术杰作。

据佛经说，佛有三身：法身是佛的本来之身；报身为佛经过长期修行而获得的"佛果"之身；应身即佛为"超度众生"而显现之身。卢舍那即所谓报身佛，译名"净惭"。卢舍那为"净满，光明普照"之意，是佛在显示美德时的一种理想化身。这尊佛像，面相饱满，眉如新月、双目含情，笑意微露、慈祥外溢，双耳长且略向下垂，下颏圆而略向前突，头部稍低，略作俯视态，身着通肩式袈裟，衣纹简朴无华，一圈圈同心圆式的衣纹，把头像烘托得异常鲜明而圣洁。整座佛像慈祥而端庄，睿智而明朗，形象生动而逼真，宛若一位睿智而慈祥的中年妇女，令人敬而不惧，达到了形神兼备的艺术效果。有人评论说，在塑造这尊佛像时，把高尚的情操、丰富的感情、开阔的胸怀和典雅的外貌完美地结合在一起，具有巨大的艺术魅力。

卢舍那佛像两边还有迦叶和阿难二弟子，形态温顺虔诚，两侧侍立的二弟子，老者伽叶形象严谨持重，少者阿难形象丰满圆润、眉清目秀。各侍立菩萨头戴宝冠、身挂璎珞、肩搭帔帛、下衣长裙有出水之势。天王手托宝塔，显得魁梧刚劲。而力士像更加动人，只见他右手叉腰，左手合十，威武雄壮，栩栩如生。饱经沧桑、老成持重的大弟子迦叶，温顺聪慧的小弟子阿难，表情矜持、雍荣华贵的菩萨，英武雄健的天王，咄咄逼人的力士与主佛卢舍那一起构成了一组极富情态质感的美术群体形象，真可谓出神入化、巧夺天工。奉先寺的整个布局，使人感觉像是皇帝在宣召文武百官的

场面。

此外，奉先寺的九躯大像的背后有很多长方形的小龛，这是大约在宋、金时代，人们为了保护大像龛，依龛修建的木结构屋檐式建筑。这些建筑影响了佛像的通风，加速了佛像的风化，因而后来被拆除。

据佛座北侧的《大卢舍那像龛记》记载："大唐高宗天皇大帝之所建也……咸亨三年皇后武氏助脂粉钱二万贯。"一般说来，在佛学的教义里，佛、菩萨均为男性，而在龙门奉先寺的主佛却女性化，这是武则天出于政治的需要而别出心裁，破天荒将卢舍那大佛塑造成中年妇女特有的形象。传说武则天集美德与卢舍纳大佛的形象几乎完全吻合，可见卢舍那的形象在一定程度上就是武则天形象的真实写照。

大像龛是唐高宗及武则天亲自参与主持经营的皇家造像工程，雕像规模宏大、气势磅礴、雕刻精湛，体现了大唐王朝强大的物质力量和精神力量，显示了一个时代雕刻艺术的最高成就，也是唐朝这一伟大时代的象征。从艺术上看，奉先寺造像布局谐调均称。大佛像五官刻画合乎比例，这一巧夺天工的辉煌成就，具有永不磨灭的艺术魅力。奉先寺大型艺术群雕以其宏大的规模、精湛的雕刻高踞于我国石刻艺术的巅峰，成为我国石刻艺术的典范之作，也成为唐朝这一伟大时代的象征。

9. 古阳洞

古阳洞在龙门山的南段，开凿于北魏太和十六年（492 年），洞内雕刻 90% 以上是北魏时期的作品，是龙门石窟造像群中开凿最早、佛教内容最丰富、书法艺术最高的一个洞窟。它规模宏伟、气势壮观，由此可以看出北魏皇室崇佛的气氛。洞中北壁刻有楷体"古阳洞"三个字，到了清末光绪年间，道教徒将主像释迦牟尼涂改成太上老君的形象，有传老子曾在这里练丹，所以古阳洞又叫"老君洞"。

古阳洞是由一个天然的石灰岩溶洞开凿成的。窟顶无莲花藻井，地面呈马蹄形。主像释迦牟尼，着双领下垂式袈裟，面容清瘦，眼含笑意，安详地端坐在方台上。侍立在主佛左侧的是手提宝瓶的观音菩萨，右边的是拿摩尼宝珠的大势至菩萨，他们表情文静，仪态从容。

古阳洞大小佛龛多达数百，雕造装饰十分华丽，特别是表现在龛的外形、龛楣和龛额的设计上，丰富多彩，精细华丽，变化多端，有的是莲瓣似的尖拱、有的是屋形的建筑、有的是帷幔和流苏。并且在龛楣上雕造有佛传故事，如古阳洞南壁释迦多宝龛上，有树下诞生、步步生莲、九龙灌顶等，讲述的是悉达多从他母亲摩耶的右腋下诞生，刚出生，就走了七步，每一步脚印都生出一朵莲花，这叫"步步生莲"，他站在方台上，天空中有九条龙为他喷水沐浴。总之，这些佛龛装饰十分细致灵巧，图案花纹丰富多彩，在龙门石窟中堪称集北魏雕刻、绘画、书法、建筑、图案造型艺术之大成，表现了当时的雕刻和绘画技巧的高超水平。

古阳洞是北魏皇室贵族发愿造像最集中的地方。这些达官贵人不惜花费巨资，开凿窟龛，以求广植功德，祈福免灾，而且留下了代表了魏碑体的书法珍品——龙门二十品。古阳洞中就占有十九品，另一品在慈香窟中。龙门二十品的称号始自清代，是指从北魏时期精选出不同的二十块造像题记，它所展现的书法艺术，是在汉代隶书和晋代隶书的基础上发展演化而来的。它们记载着佛龛的雕凿时间、人物、目的等，这些都是研究北魏书法和雕刻艺术的珍贵资料。二十品的特点是字形端正大方、气势刚健质朴，结体、用笔在汉隶和唐楷之间，是隶书向楷书过渡中一种比较成熟的独特字体。龙门二十品是龙门石窟碑刻书法艺术的精华，千百年来为书法家所称道。清代学者康有为曾大力提倡整个社会书写要用魏碑体。现在，龙门二十品仍有无穷的艺术魅力，每年吸引无数的海外友人，漂洋过海，为的是能够欣赏这一书法奇珍。

古阳洞的造像，以其风格、特征而论，代表了迁都洛阳后北魏后期的一些变化。由北魏前期粗犷、雄健、挺实变为清秀、美丽，开始摆脱前期的作风，面部表情刻画也由严峻变得比较温和，给人以亲切之感。

10. 火烧洞

火烧洞是古阳洞南部规模最大的一所洞窟，相传被雷火所击。经考察，洞内造像可能系人为破坏。窟内平面呈略长的马蹄形，东西长约 12.5 米，南北长约 10 米。窟顶近于穹隆形，窟内西壁雕有主尊，为一身结跏趺坐佛，施禅定印。主尊两侧有二弟子、二菩萨夹侍。火烧洞也是龙门石窟中破坏最严重的一窟，现西壁的五身大像表面大部分残损，原形制已基本不清。就连窟顶与四壁也很少有平整的地方。窟门已残损，但仍保留有垂帐装饰的残留痕迹，这种装饰不同于其他魏窟。窟门外左右雕有类似于宾阳北洞外的力士像，其中北侧力士已残缺，南侧力士身体部分保存完好，头顶雕出屋檐装饰。

在窟内西壁大像之间的下部以及东、北壁下部的部分区域，保存有一些北魏末年开凿的小龛，尤其以正光纪年的为最多。到了唐代，对火烧洞进行了大规模的补凿。在北壁下部，开有三大龛，龛内造像均为一佛、二弟子、二菩萨，其中西部两龛主尊为倚坐弥勒，下有二护法狮子。在西侧一龛外，保留有一身北魏末年雕成的力士，三大龛内平面均呈马蹄形，穹隆顶，有倒凹字形基坛。在南壁中部最下方，保存有四层供养人行列，从形象来看，有出家僧人，也有世俗人装束。此外，在南壁东侧下部，有一优填王像龛，龛内周壁雕出千佛。

龛下，分布有唐代小龛。南壁上部，也有两个唐代大龛，内部也雕有千佛。这些龛可能开凿于唐高宗时期。

11. 皇甫公窟

皇甫公窟原名石窟寺，位于龙门西山靠近南端之半山腰中，是火烧洞以南，北魏开凿的相当大的一个洞窟，由皇甫度所开凿。窟外南侧摩崖有北魏孝昌三年（527 年）九月十九日刻的《太尉公皇甫公石窟碑》一通。太尉公皇甫公，即北魏胡太后的舅父皇甫度。皇甫公窟是有纪年一次完工的中型洞窟，是龙门北魏洞窟中保存最完整的典型窟例，在中国北朝洞窟的分期断代中具有重要的地位。

洞外立面依岩雕刻一仿木结构的庑殿式屋顶，窟楣尖拱内刻"七佛"。尖拱两侧各刻持乐器飞天一身，窟外南侧还凿有一通碑。这种洞窟形制与普泰洞、魏字洞基本一致，代表了龙门北魏晚期洞窟的主要样式。在完整的方形地平面上，周边浮雕一圈莲花瓣。地面中部，自门券向主尊身下刻出一条踏道，踏道边装饰以连珠纹及莲瓣；踏道的南北两侧各有三朵莲花图案，均大如车轮；在每侧三朵大莲花之间又刻出忍冬纹与水波纹，象征着莲池。从图案的拼凑情况看，宛如一块美丽的地毯。宾阳中洞的地面雕刻与此相近，不同者唯在踏道表面刻有龟背文。佛座上及佛龛地上刻出莲花的原因，是因为佛教中人以莲花为"吉祥清净"，能悦大众心。西（后）壁一铺大像中最外面，有树下思维菩萨像，在思维像的左侧，浮雕出一花瓶，瓶中引出美丽而写实的数枝莲花，正中最上面的花蕊中，刻出一化生童子。上下对称雕出两对花叶，以及三朵初开、正开、开后，不同形象的莲花，这完全是以写实手法雕出的莲花浮雕。

窟内平面呈马蹄形，穹隆顶。在西壁高坛云上，雕出一佛、二弟子、二立菩萨、二思维菩萨。主佛居中结跏趺坐，高 3.18 米，身穿褒衣博带式的袈裟。衣饰用平直九刀刻法，衣裙有棱有角，坐在莲花座上。面部已经残损了，头上还留有高肉髻，右足外露，足掌向上；右臂平举，手掌上扬；左手掌心向外，手指向下，作满足人们愿望的与愿

印。有趣的是，这尊大佛竟有6根手指，据说是按照孝明皇帝的形象塑造的。由此可以看出皇甫度以佛事向皇帝献忠心的良苦用心。二思维菩萨内侧壁面上各刻一菩提树，菩提树上方各刻有罗汉群像。坛下两端各雕一狮子。左右二菩萨半结跏趺坐在菩提树下，作树下思维状。菩提树树干弯曲，枝繁叶茂。树的上方又分别刻有一组罗汉像，罗汉身穿双领下垂式袈裟，双手合十或手持莲花。

北壁中部开一尖拱大龛，龛内释迦、多宝二佛并坐，内侧各一弟子、外侧各一菩萨侍立。龛外两侧各刻供养菩萨一身，龛下刻供养礼佛图。南壁中部开一磕顶大龛，龛内为弥勒坐像并二弟子、二菩萨侍立像。龛外两侧各刻一身供养菩萨，龛下为供养礼佛图。前壁窟门左右各刻一龛，龛内刻一立佛并二胁侍菩萨。窟门上方刻千佛。窟顶穹隆形，中央雕一朵大莲花，周围环绕八身伎乐天。伎乐所持乐器有笙、筝、排箫、细腰鼓、鼓、笛、五弦琵琶等。八个伎乐衣带飘扬，手持乐器，翱翔云间，由此可见在北魏时期，这些乐器就已经非常盛行了。窟内地面中央为参道，左右各刻三朵大莲花。

石窟寺南北壁下层，刻有从窟主到男女侍从执伞扇与比丘导引的刻像，因而这两幅大浮雕带有浓重的绘画意味，成为表现北魏统治阶级生活的最有价值的资料。北壁皇帝礼佛图东起前三人为比丘，前两个比丘正俯身向香炉内添香，第三位是年长的高僧，左手托钵作前导。第四人为一老妇，头饰华丽，身穿长裙，大袖，左手持一莲蕾，徐步向前。第八人为一青年男子，头戴笼冠，身穿宽袍大袖的长袍，右手托钵，有趣的是其身后还有一男童为他提衣摆。这一男一女无疑是孝明皇帝和胡太后。这一作品用写实的手法把人物的年龄、性格、身份、气质都刻画得淋漓尽致，其余的宫女有的手举华盖，有的手拿莲蕾，虔诚严肃，徐徐而行。南壁则为皇甫公夫妇礼佛图。

12. 药方洞

药方洞因窟门刻有诸多唐代药方而得名。把一些药方刻在石碑上或洞窟中，在别的地方也有发现，这是古代医学成就传之后世的一个重要方法。药方洞始凿于北魏晚期，经东魏、北齐，到唐初还仍有雕刻。洞中五尊佛像，身躯硬直少曲线，脖子短粗，身体硕壮，菩萨头冠两旁的带子很长，下垂到胳膊上部。这都是北齐造像的特征。洞门两侧刻有药方150多种，所用药物多是植物、动物和矿物药。药方涉及内科、外科、小儿科、五官科等，所涉及药材在民间都能找到，很大程度上方便了老百姓。这些药方不仅可以治疗常见的疾病，而且还能治疗疑难杂症，如疗噎方可以治疗食道癌。其中有95方在10世纪被一位日本学者收录在《医心方》中，足见它的价值和影响。药方洞的药方是我国现存最早的石刻药方，反映了我国古代医学的成就，对研究中国医药学起到了重要的作用。

（二）东山石窟

1. 擂鼓台中洞

传说当年奉先寺竣工时，武则天亲自率百官驾临龙门，主持这次规模盛大的开光仪式，庞大的乐队便在这平台上擂鼓助兴，于是后人便把这里叫做擂鼓台。与擂鼓台相临的三个洞叫擂鼓台三洞。

擂鼓台中洞又名大万五佛洞，因洞中造有15 000尊小佛像，且又比西山万佛洞小佛稍大而得名。洞窟雕凿完成于武周时期，是为武氏政权歌功颂德的。西山的双窟是弥勒与释迦牟尼并坐，当时武则天还没有成为一朝之君，表明她与李治一个天皇一个天后并列的身份。而在这一洞窟中，以弥勒佛为主尊，表明她已破天荒地成了一位女皇。

洞顶作穹隆形，并有装饰华丽的莲花藻井，造像是一佛二菩萨，主尊为双膝下垂而坐的弥勒，整尊造像采取高佛雕手法，背光为龟甲形背屏，周围环绕着伎乐人、飞天、骑象和骑狮的童子。主尊端坐在束腰方形高台坐上，台坐下部延伸出两朵莲花，每朵莲花上站立着一尊菩萨，整个造像浑然一体。主尊佛头20世纪30年

代被盗，现藏于美国旧金山亚洲艺术博物馆。佛洞壁基有二十五尊高浮雕罗汉群像，从南壁西起到北壁西止。罗汉群像各罗汉身旁均刻有一段从《付法藏因缘传》里摘录的经文介绍该罗汉的身世及特点，所刊经文中多杂以武周新字，说明这是武周时期禅宗所经营的洞窟。

2. 擂鼓台北洞

擂鼓台北洞是龙门石窟中开凿较早、规模最大的密宗造像石窟。

北洞为穹隆顶，马蹄形平面，高 4 米，宽 4.9 米，窟顶为莲花藻井，周围环绕四身飞天。其因风化剥蚀已不清。据说，北洞的主像、中洞的三尊佛像以及南洞的一尊佛像，都是民国时期从别处搬移进去的。洞内三尊大坐佛中，东壁的主佛为毗卢遮那佛，意为太阳，即除暗布明之意，因此又称"大日如来"。在密宗里"大日如来"指的就是释迦牟尼，他是头带宝冠，胳膊上带着臂钏的菩萨装形象，像高 2.45 米，结跏趺坐于 0.9 米高的须弥台座之上。

在北洞的前壁南侧，雕有八臂观音一尊，像高 1.83 米，赤足坐于圆形台座上，在前壁的北侧还雕有四臂十一面观音，像高 1.9 米，赤脚立在圆形台座上。

3. 擂鼓台南洞

擂鼓台南洞主佛也是"大日如来"，主佛头戴佛冠，臂戴臂钏，颈戴项圈，穿袒右肩式袈裟，整个造像保留了外来造像艺术风格。佛端坐在束腰方形台座上，这种台座在武周时期是比较流行的式样。从正面看，佛头部微微向下倾斜，目光向下俯视，似与礼拜者进行眼神交流，流露出一种关爱世人的殷殷之情。在四壁上有高约 36 厘米的菩萨坐像，层层排列着有 760 尊之多，端坐在四周的墙壁上，神态肃穆安详，似乎正在聆听佛弘扬佛法。菩萨在古印度都是男性的形象，传入中国后，逐渐塑成了女性的形象。创造者对人物的形态美把握得相当适度，简洁明快的线条和人体造型的健康都表现了当时的雕凿者的审美取向及美学理想。

4. 西方净土变龛

西方净土变龛在万佛沟北崖偏东处，位于千手观音窟与千手千眼观音龛之间。该龛可分为上、下两段。上段，中部刻一身结跏趺坐佛，施转法轮印，身着通肩大衣，身后刻有圆形头光与背光，坐于一圆形束腰仰状莲座之上。主尊两侧各有一身夹侍菩萨，均呈半跏趺坐，身饰披巾、璎珞，头后刻出圆形头光。在一佛二菩萨之间及其两侧，分别夹有上下两身。坐菩萨，姿态各异。主尊佛的背光表面刻有缠枝卷云莲，莲上托着卷云纹，纹上刻出空中楼阁，楼阁两侧刻有许多乐器。在东侧楼阁之下，刻有三身佛坐像，身下有流云纹，呈驾云飞动之势。东端还刻出宝幢、幡与仙鹤等。

下段，分为三层。上层，现存有三身游戏坐菩萨，一身立菩萨与一身似为比丘的形象。其间，有两身被盗凿，一身残毁，估计原应共有八身像。中层，仅在中部有一些小的游戏菩萨，现存有七身。下层，中部被盗凿，现存有一身舞者，五身伎乐。伎乐所持乐器能辨识者有阮咸、萧、钹、笛等。两侧原各有四身站立的供养菩萨，现西侧有两身被盗。龛的东侧壁雕有一身力士，西侧壁已残毁。

5. 千手千眼菩萨龛

千手千眼菩萨龛位于西方净土变龛东侧不远，为一露天摩崖造像龛，龛高 237 厘米、宽 177 厘米，龛内中央高浮雕一身观音立像，身体呈直立姿势，头顶束有高发髻，发髻中部有化佛装饰；面部较扁，宽额，鼻嘴均残，两腮及下颊处较尖；长眉弯曲，眉脊略突起，眼似鱼形，眼角细长，在眉间刻出一眼，呈倒竖状；上身袒裸，下身着裙，长发披于肩部，身体装饰有披巾、璎珞。

观音有三眼十二臂。额上刻一眼，宝冠上有化佛，十二臂作不同的曲伸动作，手势也多有变化，或持物，或

五指相弹，手势变化，异常精美。掌心也均刻一眼，手臂雕刻得圆润丰满，有较强的写实感，均饰有腕钏。三眼十二臂观音周围，伸出无数只小手臂，手掌展开，掌心刻一眼。群臂呈放射状，宛若孔雀开屏般美观精致，故称千手千眼观音。该龛今已风化剥蚀过甚。

万佛沟中的千手千眼观音像，依据《秘藏记》的记载所雕刻。而与伽梵达摩的以及智通、菩提流支共译的《千手经》的描述有很多相似之处，既有智通、菩提流合译的《千手经》中所说的"面具三眼，体具手臂，掌中各有一眼"的形象，又兼有伽梵达摩《千手经》中的"左右各具二十手，手中各有一眼"的特点。不同的地方，唯有伽梵之经中认为千手千眼观音像为面具两眼，而非三眼，并将左右各具二十手改为了左右各具六手共为十二手。据此推测，这尊千手千眼观音像，是综合了两种《千手经》的特点而造出的，其中可能更多地依据了智通、菩提流支合译的《千手经》。

6. 高平郡王洞

高平郡王洞是万佛沟中规模最大的一所洞窟，位于沟中部靠上的山崖之上。窟内平面呈横长方形，顶部似乎打算凿为"J"形顶，但没有完工。在北壁（正壁）正中靠上，雕出主尊佛，结跏趺坐，露出右脚，双手放于胸前，施说法印。头部已残，肩较圆，胸部鼓起，身着通肩袈裟，下坐于一双层瓣的仰莲花之上，在莲根表面刻有卷云纹。由主尊莲座根部向东西两侧分别伸出一条长梗，并且各向上托两朵仰莲，其上雕出夹侍的二弟子与二菩萨。左侧弟子为迦叶，双手托一瓶于胸，右侧弟子为阿难，头已残，身躯扭动，双手叠放于腹前。二夹侍菩萨头部均残，肩较宽，身饰项圈、璎珞、腕钏，披巾绕腹下两道；其中右侧菩萨左手上托一宝瓶，左侧菩萨右手向上似执一宝珠。

环北、西壁以及南壁西侧下部，凿有基坛，坛上雕一周坐佛，服饰有通肩大衣、袒右肩与双领下垂三种，均呈结跏趺坐，露出右脚。在肉髻与发髻表面刻有水涡纹，面相胖圆。身下佛座均为双层瓣的仰莲状。在窟内开凿的次序是先完成北壁（正壁），次之为西壁，再转入南壁西侧，然后才考虑东壁与南壁东侧。现窟内地面保存有一些横竖排列较为整齐的圆孔，为原先安置石刻造像之用。

窟门呈圆拱形，门券顶部向窟内上部倾斜，这种做法与二莲花洞的门券做法相似。窟外有面积较大的空间，构成前庭。门外两侧各雕一身力士，其形体对于高大的窟门显得较小，在力士足下均踏有山形高台。现窟内地面，除数排圆孔之外，还有许多残损的造像与莲花座。根据题记该窟的开凿年代为武周时期，也正是由于这些题记，将此窟命名为高平郡王洞。

7. 看经寺

看经寺在龙门东山万佛沟北侧，高 8.4 米，宽 11.1 米，深 12.6 米，为东山最大的洞窟，是武则天为唐高宗开凿的。洞的正面有一座建于清代的砖瓦结构二层楼，门额上刻着"看经寺"三字。洞顶雕有莲花藻井，周围环绕着四个体态丰润、形象优美的飞天。洞内东、南、北三壁在高 1.2 米的台基上浮雕二十九尊罗汉像，正壁 11 身，两壁各 9 身，身高在 1.8 米左右，均有残毁，相传是从摩诃迦叶到菩提达摩二十九位西土"祖师"的形象。整组造像形态逼真，形象写实，辅以适当的夸张，使造像在整体上显得整齐划一而不失个性的张扬，秩序井然而不失节奏的抑扬顿挫，仿佛融入禅宗传法谱系的情景之中，是龙门石雕罗汉群像中的杰作。

看经寺是据隋代费长房《历代法宝记》刊刻的，为我国唐代最精美的罗汉群像。这种不雕佛像仅雕罗汉的大窟，似是一大型禅堂，可能是禅宗所主持开凿的。

8. 四雁洞

四雁洞是一个盛唐时期的中型洞窟。该洞窟的窟顶是一个莲花藻井，莲花藻井的四周有四个飞天的四飞雁环绕，奇特的

是这四只雁的腿都十分细长，和鹤腿相似，四雁洞之名即来源于此。佛经中曾以五百雁来比喻五百罗汉的故事。这里雕刻四雁可能是用寓意的手法，以雁来比喻罗汉。这在龙门石窟中也仅此一处。

四雁洞南距二莲花北洞约三十米，其南侧有一平面近方形的券顶窟，窟门为圆拱形，门顶部与窟顶相连接。东壁下凿一长方形坛，现窟内没有造像，估计原造像是可以搬动的石雕像。窟门外北壁，有一小禅窟，为方形、券顶。四雁洞的平面呈马蹄形，四壁向上卷入顶部，窟顶向西下斜至窟门口上方，门为圆拱形。

窟内下部靠东壁凿有一半圆形的基坛，在基坛的西部边沿下有三层叠褶，向上又有两级，估计原坛上可能有造像。窟顶正中雕出一朵大莲花。莲花外围分为两圈，内圈雕出四只飞禽形象，为尖嘴，长颈长腿，南侧两只向东飞舞，北侧两只相对飞动。从其特征来看，应为鹤，前人误将其认做飞雁，故将该洞称作"四雁洞"。在窟顶刻出飞鹤，与供养天人相伴，代表了一种天空境界，以四鹤飞翔来表示一种吉祥之感，并非有什么特别的，诸如佛传、本生之类的寓意。在敦煌莫高窟壁画中，也常以飞禽表示天空境界，其用意也可能与此相同。

飞鹤外圈，雕出四身供养天人，身上没有复杂的飘带装饰，均为右手托一盘，内放莲瓣状物，推测应为以莲花供养。东南角一身左手还执一朵小莲花。上身袒裸，下身着裙，饰有项圈，头顶没有束高发髻。在窟门外的南北两侧，现存有二力士下部的高台，力士已不存在。

在窟外的北侧壁，有一方形、券顶的小禅窟。南壁凿有一圆拱形小龛，内雕一佛、二弟子、二菩萨、二天王、二力士。形象特征与二莲花洞中的造像相似，估计该小龛以及四雁洞，与二莲花洞开凿年代相近。根据供养天人头顶不束高发髻来看，与敦煌唐玄宗开元、天宝年间壁画中的伎乐发饰相似，其年代也可能晚至玄宗时期。

中国著名石窟

114

9. 二莲花洞

二莲花洞在四雁洞南面，看经寺北部，是一组统一规划、布局而开凿的双窟，模式相同，所以称为二莲花洞。二莲花洞约凿于武周至唐玄宗时期。二洞的造像雕饰与布局都是一样的。窟内顶部的藻井都覆莲图案。洞内造一佛、二弟子、二菩萨、二天王、二力士。中间主佛为阿弥陀佛，手施降魔印。

二莲花南洞窟内平面近于马蹄形。环东、南、北三壁下部，凿出倒凹字形基坛，坛上造出一佛二弟子二菩萨二天王像。在东壁（正壁）正中，雕有主尊结跏趺坐佛，身着通肩大衣，右手扶膝，施降魔印。该佛面部表情呆板，缺乏生气。下部佛座为八解形束腰覆莲座。此外，夹侍菩萨身躯扭动，披巾绕腹前两道。二天王已残。窟顶为穹隆形，正中雕出一朵大莲花，四周环绕四身供养天人，均托一盘作供养状。在靠东壁基坛处，凿出一长方形台。基坛表面雕出壶门，内部各雕一身舞伎形像，其姿势或坐或跪，上身舞动，其余大部分已残。从以上窟内布局与造像组合情况看，与西山南部的八作司洞、龙华寺、极南洞多有相似之处。二莲花南洞的开凿年代，则很可能早于开元元年，或为武则天时代。

二莲花北洞位于二莲花南洞北侧，其平面约呈方形，穹隆形顶。内容布局与南洞基本相同，大小形制也相近。窟内造像残损严重，仅南侧壁的天王保存较好，足下踏有二夜叉，与极南洞的天王相似。主尊佛已残，下座为方形束腰覆莲座，座的正面雕出一小天王踏一夜叉的形象。倒凹字形基坛表面可看出壶门，舞伎已浸蚀不清。北洞的年代，应早于先天二年无疑，约属武周时期。二莲花北洞的特点，是在窟内较高的倒凹字形基坛之上雕出一铺造像。三佛题材，在正壁雕出一身结跏趺坐佛、二弟子、二菩萨胁侍，窟内还有天王。左右两壁正中各雕一身立佛或坐佛，佛两侧有二菩萨胁侍。在左右两壁靠近窟门

处，还雕有二力士、二蹲狮。在正壁主尊的两侧夹侍二弟子、二菩萨、二天王、二力士，没有龙门唐窟中的造型丰满，但亦有自身特色。

洞窟的规模介于大、中型洞窟之间。从雕像的手法看较为成熟，也颇具唐风，有一定的艺术价值。

（三）香山寺

1. 简介

香山因盛产香葛而得名。香山寺位于洛阳城南 13 千米处的香山西坳，其建筑古朴浑厚，掩映于苍松翠柏之中。它与世界文化遗产龙门石窟西山窟区一衣带水，隔河相望，与龙门石窟东山窟区和白园一脉相连，并肩邻立。

该寺始建于北魏熙平元年（516 年），唐天授元年（690 年）武则天在洛阳称帝，建立武周王朝。梁王武三思揣摩女皇信佛之心，奏请武则天予以重修，正式命名为"香山寺"。重修后，香山寺巍巍壮观，富丽堂皇，当时的香山寺"危楼切汉，飞阁凌霄，石像七龛，浮图八角"。在此后的一百多年中，香山寺法音绵延、香火炽盛，以致中唐时代享誉中外的文化名人白居易，生前醉心于此，去世后安葬于香山寺下。

2. 历史沿革

香山寺始建于北魏熙平元年（516 年），唐垂拱三年（687 年）印度来华高僧地婆诃罗（日照）葬于此，为安置其遗身重建佛寺。天授元年武则天重修该寺，当时香山寺危楼切汉，飞阁凌云，武则天常亲驾游幸，御香山寺中石楼坐朝，留下了"香山赋诗夺锦袍"的佳话。

盛唐以后，经过"安史之乱"，香山寺因年久失修，渐趋衰败，至白居易任河南尹之时，香山寺已是萧条至极，寺前、寺中楼亭、殿堂、佛龛，因年久失修，风雨侵蚀，有的倒塌，有的毁坏，破旧不堪。慕香山寺之名前来观游的人

们见此情景十分惋惜，前来烧香进贡的佛家弟子，目睹佛像、僧人的境遇，内心深感耻辱。

唐大和六年（832年），河南尹白居易捐资六七十万贯重修香山寺，使衰败的旧寺的亭台楼阁换了新颜，并撰《修香山寺记》。这篇文章开篇第一句即是对香山寺的推崇，"洛都四郊，山水之胜，龙门首焉。龙门十寺，观游之胜，香山首焉"。修复后的香山寺再现了"关塞之气色、龙潭之景象、香山之泉石、石楼之风月"，使观游者又见到了香山寺往日的风采。后来白居易又于唐文宗开成五年（840年）再次出资修复藏经堂，并收集缀补5000多卷佛经，藏入其中，可以说白居易为香山寺的再兴竭尽全力，名山名寺与名人相得益彰，香山寺再次声名大振。

宋金时期香山寺犹存，元末废弃，清康熙年间重修，乾隆皇帝曾巡幸香山寺，称颂"龙门凡十寺，第一数香山"。清末民国初年，香山寺又渐荒芜了，1936年香山寺进行重新修建后，为蒋介石庆祝五十寿辰而在寺内建一幢两层小楼。蒋介石和宋美龄多次在此避暑，这幢小楼位于香山寺内东南侧，被称为"蒋宋别墅"。

而后，香山寺又进行了多次修葺。从2002年年底到2003年4月上旬，洛阳市委、市政府及龙门石窟管理局依据《龙门石窟区规划》和《洛阳市龙门石窟保护管理条例》，历时100天，完成了对香山寺的第五次改造，新香山寺借鉴唐代风格，对蒋宋楼、乾隆御碑亭、衣钵塔等作为历史文物予以修缮、保留、保护；在原址上新建了钟楼、鼓楼、大雄宝殿，整修了天王殿、罗汉殿、步游道等。

香山寺已历经1400多年的沧桑，一直以来法音绵延，香火炽盛。如今经过第五次修复后的香山寺整个建筑新旧一体，气势磅礴，与龙门西山石窟隔河相望，与龙门东山石窟、白园并立，香山寺已成为龙门石窟景区又一处亮丽壮美、光彩夺目的景观！

3. 相关传说

关于香山寺的来历，有一个美丽动人的传说。话说春秋时期，有个国君妙庄王，生有妙颜、妙音、妙善三个女儿。因为妙善为王后梦中孕育而生，所以被视为掌上明珠。妙善幼年就能吟诗作赋，不慕荣华，喜乐佛法，她厌恶王室的暴虐，同情宫女的遭遇，被宫女们尊称为"三皇姑"。

后来庄王为讨好邻国的国王，就将三女儿许配其太子。三皇姑宁死不从，庄王一怒之下把三皇姑囚禁于后宫，王后心疼女儿，悄悄放她出去逃生。三皇姑先到翟集西的白雀寺里侍佛，不久被庄王知晓，派人三番五次逼她回宫，她执意不回，庄王气极之下将寺院放火焚烧。庆幸的是，三皇姑被尼姑们救出，藏到了火珠山（即香山）上。

庄王焚烧白雀寺后忧虑成疾，八仙中的铁拐李化作凡人，装扮成郎中，给庄王诊病后说："圣王的病必须用亲骨肉的一只手、一只眼做药引，方能治愈，否则即使神医也无可奈何。"庄王的大女儿和二女儿不肯舍己救父。就在庄王病入膏肓之时，三皇姑回来请求献眼手为父治病。

庄王病好后，高兴地问妙善需要什么。她说："我不要江山，也不要财富，只求父王在火珠山上修座寺院，女儿要终身侍佛。"庄王满足了女儿的要求，大兴土木建起了香山寺。后来，妙善在此修行，直至得道。

4.香山寺一览

香山寺顺山势而建,从天王殿开始,是步步登高,只有钟鼓楼在平坦处。寺门两侧有联:"归元无二路,方便有多门。"钟楼写着一牌:"布施钟声,功德无量。三声:端正聪明;六声:健康长寿;九声:大福大贵。"鼓楼也是有一说明,希望人们击鼓保平安。钟鼓楼红墙绿瓦,雕梁画栋,雕刻精美,气势非凡,风韵别致。楼的外檐和平座都装饰有青绿彩绘斗拱,使楼的整个建筑层次分明,浑雄博大,生气盎然,更显得宏伟壮丽。

过了钟鼓楼,便是天王殿。天王殿是三间崭新的庙宇,门前有一特大的香炉。门两侧有一副对联:"到处能安皆乐土,此心无障是菩提。"天王殿与别的庙宇摆放的不一样。正中间供奉的是弥勒佛,袒胸露腹、喜笑颜开、憨态可掬。站在弥勒佛旁边的是韦驮,他是南方增长天王的八神将之一,居四天王三十二神将之首,他左手持降魔杵,右手擎须弥山,担任护持道场、不许邪魔侵扰的任务。两边站立的是二天王、二力士,都是青铜铸造,很是威武。二天王体态端庄,造型别致,双目欲睁似闭,神气超脱,古雅秀丽。力士形象、衣饰完全相同,皆头束高髻,蹙眉阔鼻,面露愠色,头后有圆形头光,但其上无火焰纹饰,标明其身份尚未超凡入圣;上身袒露,胸腹部露出鼓胀肌肉,胸前饰璎珞;下身长裙掩足,腰间束带并打结。整组造像布局严谨、主次分明,形象生动、风格古朴,造型复杂、工艺精巧,题材新颖、材质独特。

再往上走是罗汉殿,仍然是崭新的三间庙宇。门两侧仍有一副对联:"名刹万千唯此间小中见大,高僧十八向彼岸迷里求真。"大殿内只见那十八尊罗汉个个身披黄色披肩,身着袈裟,全身无任何装饰,形骨奇特,胡貌梵相,曲尽其志,姿态不拘,随意自在,或坐或立,栩栩如生,神采奕奕。原来这十八尊罗汉都是用青铜铸造,使罗汉显得非常威武。据说,罗汉,全称阿罗汉,是释迦牟尼佛的得道弟子，是小乘佛教修行所获得的最高果位。这香山寺的十八罗汉是护法弘法的十八罗汉，把这十八罗汉单独供奉在一个殿堂里，可见对十八罗汉的重视。

再往上走是弥陀宝殿，共是两层楼。门的上方挂着一块门斗，上写"弥陀宝殿"，门两侧有一副对联："空色圆融何由来去之路，我人顿息本无生灭之门。"步入殿中，只见殿内供奉的是西方三圣，系佛教西方极乐世界的三位尊神，即主佛阿弥陀佛和观世音、大势至二菩萨。阿弥陀佛是西方极乐世界的教主，称作"无量寿佛""无量光佛"，他能把人们引到西方极乐世界。主尊阿弥陀佛结跏趺坐于中央，头饰螺发，顶显高肉髻，大耳垂肩，面形丰满圆润，眉如弯弓，双目俯视，神态沉静内省，头后饰尖圆形头光，头光上刻画细密的火焰纹，工艺精巧。主尊左侧为观音菩萨，左手当胸持莲花，右手下垂结施与印；右侧为大势至菩萨，左手下垂结施与印，右手当胸持莲花。二菩萨皆头戴宝冠，发髻高耸，面相安详，头后亦配有尖圆形火焰纹头光。身体修长，上身袒露，胸前佩饰璎珞，左肩斜披络腋，下身着长裙，腰间束带，并露出蝴蝶结。双肩搭有帔帛，帔帛蛇形垂落，飘逸自然。

位于香山寺东南的乾隆御碑是值得一睹的去处，在此不仅可以参观乾隆帝的书法，而且可以体味他的文采。御碑前面是一雕塑着双龙的香炉，香炉背后是几层台阶，上了台阶就是乾隆的铜塑像，他坐在龙椅之上，戴皇冠、穿龙袍，显得精神抖擞。乾隆的塑像后面便是乾隆御碑。清乾隆十五年（1750年）九月，清高宗弘历到中岳封禅，至洛阳巡游龙门香山寺，兴致之余感怀赋诗《香山寺二首》称颂了香山寺及美丽的伊阙风貌，开篇第一句即为称颂香山寺"龙门凡十寺，第一数香山"，这首诗当时被人们镌刻在石碑之上，并建御碑亭。

龙门石窟

121

5. 香山寺的文化内涵

（1）武则天"香山赋诗夺锦袍"

在一千三百多年前的唐朝，武则天在洛阳称帝，非常钟情于伊阙山水，也很喜欢位于其中的清幽雅致的香山寺，她经常在香山寺中石楼坐朝，并在石楼留下了千年为人们所传颂的典故"香山赋诗夺锦袍"。

在一次春游香山寺时，武则天别出心裁，主持了一次"龙门诗会"，历史上有名的"香山赋诗夺锦袍"即由此而来。宋代人计有功在《唐诗纪事》卷十一中，对此有妙趣横生的记述："武后游龙门，命群臣赋诗，先成者赐以锦袍，左史东方虬诗成，拜赐，坐未安，之问诗后成，文理兼美，左右莫不称善，乃夺锦袍赐之。"唐代诗风很盛，武则天对胜出者"赐以锦袍"，奖品不见得贵重，但却是难得的荣誉，群臣当然各不相让，奋力争夺。首先成诗的是左史东方虬："春雪满空来，触处如花开。不知园里树，若个是真梅。"武则天觉得东方虬文思敏捷，又才华出众，立即把锦袍赐给了他。而此时，多数大臣也相继成诗，经当众诵读，一致认为宋之问的七言诗更在东方虬之上，武则天遂决定把锦袍赐给宋之问，"香山赋诗夺锦袍"也成了诗坛上的一段佳话。而这段典故所发生的地点——石楼就位于香山寺内。

（2）白居易与"香山九老会"

致仕后，白居易常放情于山水，赏玩泉石风月。因慕恋香山寺清幽，白居易常住寺内，自号"香山居士"，并把这里作为了自己最终的归宿。他经常乘一小船，从建春门出发，沿伊水逆流而上，驶龙门，入香山。诗人坐在后舱，或低吟，或长啸，吸引来两岸行人好奇的目光。

在他74岁时，和遗老胡杲、刘真、吉旼、卢贞、郑据、张浑六人先是结成了"尚齿七老人会"，后来，又有百岁之人李元爽、95岁的禅师如满加入，号

中国著名石窟

122

称"香山九老"，终日吟咏于香山寺的堂上林下，写下了许多歌咏龙门山水及香山寺的诗篇。"空门寂静老夫闲，伴鸟随云往复还，家酿满瓶书满架，半移生计入香山"，《香山寺二绝》所描绘的，正是白居易晚年生活的写照。为保存诗稿，白居易又把自己从大和三年（829年）到开成五年（840年）所作的诗，共800首，合成12卷，取名《白氏洛中集》收藏在香山寺藏经堂内。会昌六年（846年）白居易在洛阳履道里私第去世，家人遵嘱将其葬于香山寺附近如满法师塔之侧。

（四）白园

白园，位于洛阳龙门风景名胜区东山琵琶峰上，是唐代诗人白居易的墓园，西与龙门石窟隔河相望，南与香山寺为邻，占地面积3万平方米，1961年被国务院公布为国家重点文物保护单位。白居易，字乐天，晚年居住洛阳18年。虽尊为"少傅"，但一生清贫，喜酒善诗，在龙门修香山寺，开八节滩，对龙门山水十分眷恋，死后遵嘱葬于此。此园依山而建，峰翠水碧，秀丽古雅。园内建有青谷区、乐天堂、道时书屋、诗廊、听伊亭、白亭、墓体区、日本书法廊、翠樾亭等仿唐建筑。园内建筑古朴典雅，三季有花，四季常青，曲径通幽，环

中国著名石窟

境优美，景点错落有致，诗歌与书法精湛，文化内涵丰富，是龙门风景名胜区内一座让人流连忘返的纪念性园林。

青谷区位于两山之间，有白池、听伊亭、石板桥、松竹、白莲。进门直行，漫步拾级而上，但见路转峰回，竹林清风，白莲飘香，林木森森；瀑布飞泻，山泉叮咚，池水清碧，幽雅至极，使人心旷神怡。山腰有亭，名曰"听伊"，此亭系白居易晚年与其好友元稹、刘禹锡等对弈、饮酒、品茗、论诗之处。

由听伊亭而上，在危岩翠柏中有一古朴典雅之阁庐，题额"乐天堂"，门口两副楹联，一幅为王遐举所书："为生民忧直言极谏，得山水乐饮酒赋诗。"一幅为周而复所书："西湖筑白堤，龙门开八节滩，倡乐府，诗讽喻，志在兼济天下；履道凿园池，香山卧石楼，援丝竹，赋青山，乐于独善其身。"乐天堂依山傍水，面对青谷，是诗人作诗会友之处，室内自然山石裸露，汉白玉塑像潇洒自然，素衣鸠杖，栩栩如生，有飘然欲仙之态。静坐山石之上，给人以深思明世之感。站在乐天堂前，可深切回味诗人原作"门前常流水，墙上多高树，竹径绕荷池，萦回百余步"的内涵。

出乐天堂朝右侧拾级而上，即琵琶峰顶。在翠柏丛中，有砖砌矮墙围成圆形的墓丘，即唐代大诗人白居易长眠之地。在圆形墓顶之上芳草萋萋，墓前立有高大石碑三块，其中一块上刻"唐少傅白公墓"六个字。登高望墓，形似琵琶，白墓所在之丘为"琴箱"，其东南是长长的芳草墓道，四周围以齐整的冬青，翠绿色的草地中央，三根"琴弦"清晰可见，此即为琵琶的"曲颈"。诗人精通韵律，又作千古之诵的《琵琶行》。此山、此墓、此龙门之地，是他长眠的最佳之处了。

由墓道向左、下至峰腰平缓处，即是古雅的九曲回廊，廊壁尽嵌现代诗人墨客吟咏的诗作以及白居易《琵琶行》全文石刻。在墓右侧，有巨石卧碑。刻有《醉吟先生传》，碑重 24 吨，是目前国内最大的石书。诗廊立石 38 块由中外名家书写，行、草、篆、隶齐全，既可以欣赏白居易的名作，又可以领略书法艺术之美。

墓体区位于琵琶峰顶，从牡丹坛拾级而上即可到达。这里有白居易墓、卧石碑、乌头门及中外仰慕白居易的客人及族裔的立石。墓前型石铺地，墓后草坪如毯，周围翠柏环抱，给人以庄严肃穆之感。

龙门石窟

五、相关资料

（一）美丽的传说

1. 龙门石窟的传说

相传远古时期，洛阳南面有一大片烟波浩渺的湖水，周围青山苍翠，芳草萋萋。人们在山上放牧，在湖里打鱼，过着平静的生活。村里有个勤劳的孩子，天天到山上牧羊，常常听到从地下传出"开不开"的奇怪声音，回到家，便把这件事告诉给母亲。母亲想了想，便告诉他，如果再听到的话就回答："开！"谁知一声未了，天崩地裂，龙门山倾刻从中间裂开，汹涌的湖水从裂口倾出，奔腾咆哮地绕过洛阳城，一泻千里流向东海。水流之后，无数清泉从山崖石罅中迸出，蓄为芳池，泻为飞瀑。两山的崖壁上则出现了无数蜂窝似的窟窿，窟窿内影影绰绰全是石像，有的眉清目秀，有的轮廓不清，千姿百态，蔚为壮观。从此，龙门石窟便名扬天下了。

其实，龙门石窟的产生自有其历史缘由，但这则神话传说，却反映了古代劳动人民丰富的想象力，也赞美了龙门石窟巧夺天工、精妙绝伦的雕刻艺术。

2. 龙门的由来

隋炀帝杨广曾登上洛阳北面的邙山，远远望见了洛阳南面的伊阙（龙门），就对他的侍从们说："这不是真龙天子的门户吗？古人为什么不在这里建都？"一位大臣献媚地答道："古人非不知，只是在等陛下您呢。"隋炀帝听后龙颜大悦，就在洛阳建起了隋朝的东都城，把皇宫的正门正对伊阙，从此，伊阙便被人们习惯地称为"龙门"了。

（二）景区美食

龙门石窟最具特色的是洛阳水席，主菜以汤菜为主，吃一道换一道，如流水一样，因此得名。曾传入皇宫，是洛阳请客首选。

1. 阎家羊肉汤

阎家羊肉汤至今已有 1500 年的历史。调料配置适当，汤味鲜美，闻名豫西城乡。阎家羊肉汤的特点是用鲜羊肉，当天用肉，当天宰羊；香料齐全、量大。用胡椒粉而不用辣椒，咸淡适口，汤味鲜美。

2. 浆面条

浆面条是洛阳最普遍的一道风味小吃，也是中华名小吃之一，最大的特点是易于消化。做法是将绿豆或黑豆的浆液加热，然后加入一些香油，滚沸后再将面条放入同煮，并不停搅拌，最后把调制好的盐、葱花、青豆、芹菜、韭菜、辣椒等作料加入。浆面条最重要的就是做浆，做浆过程其实就是发酵，放入发酵物，充入适量的水，放入少许油，然后放置24—48 个小时，等发酵物溶解或者浆味很醇厚的时候就可以用了。吃浆面条有个颇为奇特的讲究，那就是越是隔天的面条越好吃。喜欢吃辣一点的有三种选择，一是大蒜瓣生啃，二是辣椒油搅拌，三是本地特产——韭花辣子酱，这尤以韭花辣子酱为最。

3. 铁锅蛋

"铁锅蛋"是豫菜菜系很有特色的一道菜，先将特制的铁锅盖放火上烧红，待蛋浆八成熟时，用火钩挂住烧红的铁锅盖盖在铁锅上，利用盖子的高温，将蛋浆烤凝结、暄起，使蛋浆糯皮发亮，呈红黄色。其味美，油润明亮，鲜嫩软香。

4. 清蒸鲂鱼

鲂鱼产于伊水，故有"伊鲂"之说。以其制作简单、香淡味纯而闻名，汉唐时期常以此鱼招待贵宾。相传，唐代大诗人白居易和"九老会"的诗人们，在饮酒赋诗时，常食此鱼。

5. 新安烫面饺

新安烫面饺，已有七十多年的历史。新安烫面饺用精白粉作皮，用猪前胛后臀肉作主馅，配适量大葱、韭黄、白菜心、生姜，佐以白糖、料酒、小磨香油、食盐、味精等，把面用开水和好，擀成薄皮，包成如新月型的面饺，上笼清蒸，十分钟即可。特点是皮薄如纸，色泽如玉，五味俱全，鲜香不腻。

6. 牡丹燕菜

是洛阳水席中的重头戏，也是洛阳最负盛名的一道菜肴。相传，唐代武则天执政时，洛阳一块菜地里，长出一个几十斤的大萝卜，当地官员就把它作为贡品献入皇宫。武则天一见，龙心大悦，认为这是上天对她政绩的褒奖，于是命御厨用它做一道菜。萝卜本不是什么稀罕物件，以它为主的菜肴更不是什么特殊美味，御厨经过百般思考，决定将其和宫中的山珍同煮。武则天吃后，觉得这菜味道极鲜，几乎可以和燕窝相媲美，遂赐名"燕菜"。从此，一道以萝卜丝加山珍海味做成的菜肴就上了宫中的御菜单，成为招待贵宾的佳品。

7. 尚记牛肉汤

洛阳的风味小吃中汤类极多，已有四十多年历史的尚记牛肉汤就是其中的代表之一，它的特点是肉肥汤鲜、汤料齐全。

尚记牛肉汤有甜、咸两种，吃的时候一般还要在汤中加入油炸过的辣椒末和大蒜末，使汤味更加香醇适口，是洛阳人通常的一种吃法。还有一种就是在汤中加入弄碎的馍，边喝边吃，别有风味。

龙门石窟

129

8. 不翻汤

洛阳不翻汤，已有一百二十多年的历史。创始人刘振生，现已传三代人。配料有绿豆粉、胡椒、味精、酱油、醋、木耳、粉丝、海带、虾皮、紫菜、韭菜、锦珍、食盐等。用小勺舀一些稀绿豆面糊往平底锅里一倒，即成一张类似春卷的薄片，不用翻个就熟，所以就叫"不翻"。把两张晶莹翠绿的"不翻"叠着放在碗里，舀些滚烫的猪骨头汤浇在上面，再放上些粉条、黄花、木耳等，还要舍得放些醋、胡椒粉，于是一碗不翻汤就做好了。这个汤吃到嘴里时，"不翻"软绵不化，嚼之有豆香；汤酸辣清淡，余味悠长，是洛阳本地人吃夜宵的首选。其特点是味道醇正、酸辣利口、油而不腻。

（三）景区购物

洛阳的特产有很多，从工艺品到土特产，琳琅满目。著名的洛阳唐三彩，在洛阳已有百年的历史。洛绣是洛阳传统的工艺品，已有两千多年的历史。还有洛阳印象旅游纪念品系列、仿古青铜器、洛阳奇石、澄泥砚、梅花玉、洛阳樱桃、黄河鲤鱼、杜康酒等等。

洛阳以龙门石窟为主题的旅游纪念品名目繁多，如以龙门石窟风景区奉先寺诸佛为主题的洛阳印象冰箱贴、工艺笔、CD 盒、便携式烟灰缸、便笺本，以及以龙门石窟卡通形象为原型的钥匙链、扑克牌等小型旅游纪念品。

1. 澄泥砚

黄河澄泥砚与我国端砚、歙砚、洮砚齐名，并称为"四大名砚"。澄泥砚是以沉淀千年的黄河渍泥为原料，经特殊的烧炼工艺制作而成。质坚而腻，经久耐磨，观若碧玉，抚如童肌，贮水不涸，历寒不冰，含津益墨，呵气可研。

澄泥砚由于原料来源不同、烧制时间不同，具有鳝鱼黄、蟹壳青、绿豆砂、玫瑰紫等不同颜色。砚体形有圆、椭圆、半圆、正方、长方、随意形的。雕式

左侧竖排：中国著名石窟

有号、耳瓶、二龟坐浪、海兽哮月、八怪斗水、仿古石渠阁瓦等立体砚。平面雕刻有山水人物、草树花卉、走兽飞禽，又有犀牛望月、台山白塔、嫦娥奔月等。这些雕砚刀笔凝练，技艺精湛，状物摹态，形象毕肖，灵通活脱，逗人情思。

澄泥砚源于豫西黄河岸边，唐宋皆为贡品，备受历代文人雅士青睐，置于桌畔案头，既是文房中实用的四宝之一，又是供观赏的艺术珍品。

2. 洛绣

洛绣是中国刺绣艺术中的一枝奇葩，绣工精细，针法活泼，图案秀丽，色彩雅洁，善于绣猫。唐宋时期，洛阳刺绣施针均匀，设色丰富，盛行用刺绣作书画、饰件、佛像等。明清时期，民间刺绣进一步发展，独具地方特色的洛阳刺绣愈加成熟。民国以来，洛绣艺术在民间广泛流传。洛绣的针法和技法多达几十种。绣品的用途包括歌舞或戏剧服饰，台布、枕套等日常生活用品，以及屏风、壁挂等陈设品。民间刺绣有"图必有意，意必吉祥"的说法，并常用谐音和象征性手法，常见的有长青图：象征长寿，为喜庆祝寿类；八仙图案：象征长寿，为喜庆祝寿类；麒麟送子：添丁之意，求生存繁衍；团花图案：象征团结、和气之意。

3. 洛阳仿古青铜器

洛阳青铜器制造业历史悠久，始于夏代，盛于西周，战国、秦汉之际青铜器制作工艺已很发达，故有"铜出徐州，师在洛阳"之说。建国以来，洛阳工艺美术研究所和工艺美术厂，复制了数千件仿古青铜器，造型典雅，工艺精巧，主要有马踏飞燕、犀牛、醉邪、方彝、车马俑、人物俑、奔马、各种酒器、刀、剑等。洛阳青铜器创造了失蜡浑铸和自动控制脱蜡新工

龙门石窟

艺，使青铜器的仿制一次成型，达到了以假乱真的程度，深受国内外旅游者的喜爱。洛阳仿古青铜器的制作成功，不仅再现了历史的风貌，而且还可以作为室内装饰品，带给人们艺术的享受。

4. 洛阳唐三彩

唐三彩是中国唐代的艺术精华，是中国古代陶瓷艺术宝库中一朵绚丽夺目的奇葩，距今已有 1 000 多年的历史。唐三彩是指唐代俑器和陶器上的釉色而言，唐时多以红、绿、黄为主，故称"唐三彩"。三彩是通称，并不限于三种颜色。除红、绿、黄外，还有白、黑、蓝、紫等颜色。唐代这种艺术珍品，大部分在洛阳发掘出来，故有"洛阳唐三彩"之称。

洛阳唐三彩品种繁多，内容丰富，囊括了当时社会生活的各个方面。唐三彩主要用作陪葬明器，有俑像类和生活器皿类。俑像类主要有人物俑和动物俑。人物俑题材广泛，主要有妇女、文吏俑、武士俑等。唐三彩女俑取材于唐代社会活生生的女性人物，有立俑、坐俑、乐舞俑、乐唱俑、骑马俑、对镜梳妆俑等，着重表现唐代妇女姿态自由、面容丰腴、肌肤细腻、双手纤巧、两足丰柔的形象。

唐三彩的做法是将做好的坯体，装在窑内烧至 1 100 度左右，取出施彩，然后再放进烧窑内烧至 900 度左右即可。唐三彩釉质的主要成分是硅酸铝。呈色剂是各种不同的金属氧化物。

唐三彩的复制和仿制工艺，在洛阳已有百年的历史。经过历代艺人们的研制，使"洛阳唐三彩"的工艺技巧和艺术水平达到了一定的高度。目前，洛阳唐三彩的生产厂数十家，外宾及国内游客来洛阳观光时，无不带回三彩制品作为纪念，国家领导人出国访问时，多以"唐三彩"作为馈赠礼品，洛阳人也多用"唐三彩"作为重要礼品赠送亲朋。

5. 竹帘

最早出现在明代,品种包括门帘、窗帘、楼房走廊地垫帘等。编织者根据竹节情况,巧作安排,制成各种优美图案。花样有燕形、曲线形、直线形、满天星形等。其中尤以燕帘最为有名,它利用竹子碧绿与竹节淡黄的自然色彩,构成一幅幅清幽淡雅的竹燕图,引人入胜。洛阳竹帘引起了国内外商人的极大兴趣,尤其在日本成为畅销商品。

龙门石窟

中国著名石窟

大足石刻

　　大足石刻是重庆市大足县境内主要表现为摩崖造像的石窟艺术总称，是中国石窟艺术的一个重要组成部分。大足石刻纵贯千余载，造像精美，完好率高，是中国石窟艺术宝库中一颗璀璨的明珠，与云冈、龙门鼎足而三，齐名敦煌，共同构成了一部完整的中国石窟艺术史，它集中国石窟艺术之大成，把中国石窟艺术推上了一个新的高峰，对中国石窟艺术的创新发展有重要贡献。

一、大足石刻的成因及历史

重庆市大足县历史悠久，始建于唐乾元元年（758 年），位于四川盆地东南，西距成都 257 千米，东距重庆 83 千米，以"大丰大足"而得名，是驰名中外的"石刻之乡""五金之乡"，人文景观、旅游资源非常丰富。

大足石刻是大足县境内主要表现为摩崖造像的石窟艺术的总称，是中国石

窟艺术的一个重要组成部分，包括石刻造像 75 处，总计 10 万余尊，共有 87 类题材，石刻铭文 10 万余字。"横融儒、释、道，纵贯千余载"，"凡佛典所载，无不备列"，在艺术上神的人化与人的神化也达到了高度统一。其中，以宝顶山、北山的规模最大、刻像最集中、造型最精美，被誉为"唐宋石刻艺术圣殿"，成为中国晚期石窟艺术的优秀代表作品。

如今，大足石刻包括全国重点文物保护单位 5 处，即北山石刻（包括北塔）、宝顶山石刻、南山石刻、石门山石刻和石篆山石刻，也称"五山石刻"，是世界文化遗产，也是大足石刻中最具规模、最有价值、艺术最精美的石刻造像代表；重庆市文物保护单位有 4 处，即尖山子石刻、舒成岩石刻、妙高山石刻、千佛岩石刻；大足县文物保护单位有 66 处，有西山石刻、圣水寺石刻、三教寺石刻、青山院石刻、老君洞石刻、舒成岩石刻、七拱桥石刻、普和寺石刻、陈家岩石刻等。

大足石刻纵贯千余载，造像精美，完好率高，它展示了在中国南方唐末、五代、宋的宗教信仰及造像风格的演变和发展。大足石刻是中国石窟艺术宝库中一颗璀璨的明珠，与云冈、龙门鼎足而三，齐名敦煌，共同构成了一部完整的中国石窟艺术史。它集中国石窟艺术之大成，把中国石窟艺术推上了一个新

的高峰；它是一件伟大的艺术杰作，对中国石窟艺术的创新发展有重要贡献，是石窟艺术生活化的典范，为中国佛教密宗史增添了新的一页，并且生动地反映了中国民间宗教信仰的重大发展变化。正因如此，1999年12月1日大足石刻被联合国教科文组织作为文化遗产列入《世界遗产名录》。2007年5月8日，大足石刻景区经国家旅游局正式批准为国家5A级旅游景区。

（一）大足石刻成因

大足石刻之崛起，有其外部条件和内部因素，主要与"安史之乱"后中国社会政治经济重心不断南移有关，同时也与该地区的自然环境、文化环境和人文环境有很大关系。

"安史之乱"后，中原地区生产力衰退，经济凋敝，全国政治经济重心开始南移。这一时期，巴蜀地区免遭战乱之苦，相对安定，逐渐成为经济繁荣的地区。经济的发展为文化、艺术、宗教的发展提供了良好的社会环境。

大足地处巴蜀地缘文化交汇之处，从9世纪末至13世纪中叶，大足无大的战争，又风调雨顺，农业、手工业、商业繁荣昌盛，从而为大足石刻造像的崛起奠定了坚实的经济文化基础。

在当时的最高统治者中，除唐武宗、周世宗、宋徽宗外，都不同程度崇佛，佛僧们受到极高礼遇。从而使佛教之风日益兴盛，影响日大，与佛教相关的石窟造像迅猛发展。

与北方中原不同，蜀中由于政局相对稳定，加之玄宗、熹宗两度入蜀避难，带来了大批经像和僧尼，使四川佛教有了较大发展。更为重要的是，前、后蜀王都极端崇佛，影响波及两宋。大足石刻以佛教题材为主，其内容主要是为宣传佛教服务，雕凿

大足石刻

依据佛教的教理、教义、教规、戒律等等，同时兼具巴蜀地方特色，充分表现在它的时代性、民族性和地域性上面。

上有所好，下必甚焉，各地方官吏投君所好亦带头凿造佛像。晚唐至宋有当地长官韦君靖、任宗易等的提倡、组织以及外地官员冯揖等捐资造像，有僧人赵智凤以一代宗师之坚毅营造宝顶山道场，等等，使大足石刻得以延续建造，渐具规模，走向顶峰。大足县的北山和宝顶山摩崖造像，反映了晚唐、五代到南宋时期石窟艺术的迅速发展。

（二）大足石刻的历史

根据大足石刻的龛窟型制、创作题材、使用技法和区域分布等，结合有关碑文及文献资料，可知大足石刻最初开凿于初唐永徽年间（650年），兴于晚唐、五代（907—959年），盛于两宋（960—1278年），余绪延于明、清（14—20世纪），经六个朝代，约1 300年。

1. 初唐时期

现存大足石刻作品中，最早的为唐高宗永徽和乾封年间的宝山乡尖山子摩崖造像和宝山建廓村造像，共10龛80多尊造像，距今已有1 350多年，其后200多年间仅新开凿圣水寺摩崖造像一处。直到885年昌州迁治大足后，摩崖造像方渐大兴。

唐景福元年（892年），昌州刺史，充昌、普、渝、合四州都指挥，静南军节度使韦君靖，在县城北龙岗山（今北山）营建"粮贮十年，兵屯数万"的永昌寨的同时，首先在北山凿造佛像。此后，州、县官吏和当地士绅、平民、僧尼等相继效法。这一时期的石刻虽然数量有限，水平亦不高，但肇始了大足石刻的开端。

2. 晚唐、五代时期

907—965 年间五代十国时期，巴蜀地区为蜀国，史称前蜀、后蜀，此间营造佛像不断，形成大足石刻史上第一个造像高潮。晚唐时期的作品，写实风格逐渐加强。佛龛华丽，佛与菩萨像脸颊丰润，衣衫轻薄，肌肤圆润，体态丰满。五代时期作品，内容相对单一，龛窟规模较为浅小，充分体现了时代和地域的特点。

这一时期，战争频繁，社会动荡，前蜀、后蜀交替虽也经历了数场战乱，但较之中原来说，巴蜀境内大致安定，相对富庶，故民间还能继续建龛。此时佛龛造像内容多是救苦救难、解怨解劫的阿弥陀佛、观音、地藏、药师佛等，反映了当时社会经济的相对贫穷及人们盼望得到太平和安康的普遍心理。正是因为如此，大部分作品雕刻简单，浮饰较少。

3. 两宋时期

这一时期为大足石刻造像史上的巅峰时期，出现了数量巨大、艺术水准相当高超的杰作，极度繁荣，是同时期全国石窟艺术的代表作。

北宋乾德至熙宁年间（965—1077 年），摩崖造像停滞，至今全县未发现一龛当时的纪年造像。北宋后期的元丰至南宋初期的绍兴、乾道年间（1078—1173 年），大足石刻造像掀起第二个高潮。自 1082 年大庄园主严逊舍地开凿石篆山释、道、儒三教造像区起，县境内摩崖造像此起彼伏，先后开凿出佛教、道教和儒教"三教"造像区 32 处。南山、石门山造像区和北山多宝塔均于此间建成。始凿于 892 年的北山造像区，历时 250 多年，至南宋绍兴十六年（1146 年）建成。

南宋淳熙至淳祐年间（1174—1252 年），时称"六代祖师传密印"的大足僧人赵智凤，承持晚唐川西柳本尊创立的佛教密宗教

大足石刻

派，于宝顶山传教。他以弘扬佛法为主旨，清苦七十余年，四方募化凿造佛像近万尊，建成了中国佛教密宗史上唯有的一座大型石窟道场，使大足石刻造像达到鼎盛。其间县境其他处造像基本停滞。四方道俗云集赵智凤座下，石刻高手聚集宝顶山竞技献艺，宝顶山成为中国佛教密宗成都瑜伽派的中心地。

4. 明、清时期

南宋晚期，蒙军进攻四川的过程中，大足遭受极度摧残，出现了"狄难以来……存者转徙，仕者退缩"的形势。这时宝顶造像被迫中止，至元代州县俱废，石刻造像从此衰落。

明永乐年间，摩崖造像方渐复苏，一直延及晚清。这一时期共有摩崖造像39处，其中虽不乏佳品，但是多为小型造像区，造像数量也不足今大足石刻造像总数的20%。就艺术造诣而言，已经日落西山，大不如前了。

"五山"摩崖造像建成后，除世俗装绚、培修外，未遭受大的人为和自然灾害的破坏。直到19世纪末至20世纪初，当地民众才在造像区旁增刻观音、山神、天公地母等少数几个小龛，因此，大足石刻现基本上保持了唐、宋时期造像的规模和风貌。

二、大足石刻的特点及传说

（一）艺术特点

1.造像题材和内容极为丰富

大足石刻题材多样，集中国佛教、道教、儒家"三教"造像艺术的精华，有别于前期石窟。三教在同一时期同一地点和平共处，在教派关系上也不像唐以前那样以互相斗争为主，而是转为互相融合。此时的三教在各自的造像中也掺杂了外教的思想，同时各教派内部的不同宗派更是相互融合，其背景在造像中皆有反映。此外，大足石刻中也有很多关于现实的生活细节的雕刻，如石篆山的《鲁班出工图》等。由此可见，大足石刻是多种宗教、多个派系、多种思想下的造像，内容自然是丰富多彩的。

2.构思布局巧妙

大足石刻依山而凿，将石刻与周围的一山一水紧密结合，因地制宜，借景发挥，山峦溪泉均在艺术家的构思之中，融为一体。这是自然美与艺术美相结合的结果，因此这里的石刻都比较有创意，构图布局与其他地方造像不同。这是我国雕塑史上一次统一指挥总体设计，分工合作的大型集体创作，从内容到形式都有新的发展。同时，由于提前规划，图纸在大足石刻中至为重要，反映在造像作品中，可见雕塑和绘画的关系在大足石刻中得到了很好的结合。

大
足
石
刻

3.雕刻图文并茂

佛教发展至唐朝，佛经变文得到极大范围和数量的流传，这是佛教的新发展，

也是与儒道斗争的需要和进一步宣传教义的手段。变文从文学角度与绘画角度的变相图互为补充，把佛教在更大意义的信众认识中的形象和其理想信仰对象进行融合。造像在早期只是参考变文，或是造像旁雕刻变文，但是发展到后期两者便相互融合了。例如把图文结合在一起的宝顶摩崖石刻，在石窟艺术中是很少见的，通俗的立体绘画（浮雕）和易懂的文辞说明成为大足石刻艺术的又一特征。同时，这一特征也可以看做是"信仰性佛教"对佛教艺术史的贡献，即民众的要求在左右宗教造像的发展。正是由于信众范围的扩大并泛化以及整体文化水平的提高，文字在大足石刻中较多，同时也和图像结合得较为紧密。

4. 生活气息浓郁

作为宗教艺术的大足石刻，其中文人的、市井（民间）的、宫廷的色彩均很浓烈，在多元结合、多向交融中，自有其绝妙的处理。从宝顶山石壁上的佛和菩萨以至鬼神中，人们不仅可以看到社会生活和人情世态，还能直接了解到宋代社会家庭和人物风貌，整体造像流露出浓郁的生活气息。例如《牧牛图》中牧童和牛的各种动态情节十分质朴生动，牧童性格天真活泼，浓郁的生活气息在表现教义方面却并不逊色。大足造像的主体佛教造像反映的多是伪经或中国僧人著述的内容，因为从理论依据上已经是来源于现实生活，在造像中艺术家又结合自身的生活经历创作，那么生活气息在大足石刻中得到充分反映就是宗教艺术发展的必然了。

5. 风格技法多样

由于大足石刻延续时间比较长，即使同一时期的艺术家也并非来自同一个地方，因此同一个地方石刻的内容和风格都是不一样的。就大足石刻整体而言，其丰富性更是不言而喻的。例如北山的心神车窟和宝顶的圆觉洞，前者简洁，无背景，刀法刚劲，阴线较多；后者富丽，运用粗犷的写意山水风格作为背景，衬托细致柔美的菩萨，刀法圆润，追求质感，近乎泥塑效果。

单从北山的造像，我们又可以看出大足的风格发展，唐朝的面形丰润，俏丽庄严，气质雄浑，薄衣服饰；后蜀的小巧玲珑，童颜丰肌，衣饰浅刻，仪容俊美，璎珞成串；宋代的继承唐代风格，又有新发展，浮雕衣饰，璎珞飘带复杂细致；明清的粗犷近俗。

（二）艺术价值

大足石刻在吸收、融合前期石窟艺术精华的基础上，于题材选择、艺术形式、造型技巧、审美情趣诸方面都较之前代有所突破，不仅体现了中华民族自身的审美意识，更具有巴蜀文化的地域特色；既有雄浑的阳刚之气，又有世俗情趣的婉约之美。大足石刻是世俗生活的画卷，是古代社会的缩影。大足石刻是一部古典大百科全书，在宗教、文学、艺术、历史、哲学、科学、建筑、民俗等诸多领域，都具有极高的价值，它是佛教文化与中国传统文化相融合的杰作。

1. 艺术的殿堂

以北山、宝顶山、南山、石篆山、石门山石刻为代表的大足石刻，规模宏大，刻艺精湛，内容丰富，保存完整，堪称是一项伟大的艺术杰作，其中北山造像依岩而建，龛窟密如蜂房，被誉为"唐宋石窟艺术陈列馆"。大足石刻在雕刻技术方面，人物形象重视解剖比例，衣饰器具质感强烈，刀法洗练，线条流畅，细腻精巧，浑然天成，兼具雕塑与绘画之妙，达到了内容与形式的高度统一，具有东方民族所特有的文雅、娴静、内秀美的特征。

造像既追求形式美，又注重内容的准确表达。其所显示的故事内容和宗教、生活哲理对世人能晓之以理，动之以情，诱之以福乐，威之以祸苦，涵盖了博

大足石刻

大的社会思想，令人省度人生，百看不厌。南山、石篆山、石门山摩崖造像精雕细琢，是中国石窟艺术群中不可多得的释、道、儒"三教"造像的珍品。

2. 石窟艺术的里程碑

大足石刻在唐代雕塑已取得重大成就的基础上，又把我国雕塑艺术发展到一个日臻完美的成熟时期，从而改变了以前石窟艺术史上已经形成的"唐盛宋衰"的结论。

大足石刻注重雕塑艺术自身的审美规律和形式规律，是洞窟造像向摩崖造像方向发展的佳例。在立体造型的技法上，运用写实与夸张互补的手法，摹难显之状，传难达之情，对不同的人物赋予不同的性格特征，务求传神写心。强调善恶、美丑的强烈对比，表现的内容贴近生活，文字通俗，达意简赅，既有很强的艺术感染力，又有着极大的社会教化作用。在选材上，既源于经典，而又不拘泥于经典，具有极大的包容性和创造性，处处反映出世俗信仰惩恶扬善、调伏心意和规范行为的义理要求。在布局上，是艺术、宗教、科学、自然的巧妙结合；在审美上，融神秘、自然、典雅三者于一体，充分体现了中国传统文化重鉴戒的审美要求；在表现上，突破了一些宗教雕塑的旧有形式，有了创造性的发展，神像人化、人神合一，极富中国特色。

例如大佛湾第 29 号窟圆觉洞的设计者为了避免窟顶的滴水对洞窟造成破坏，巧妙设计融合环境学、美学，利用水的特点设计了洞窟的排水设施。叮咚滴水经过壁上雕刻的龙的脊背，滴入猴子托的钵盂，从而流入暗沟，其巧妙与长信宫灯的设计有异曲同工之处。洞窟的采光利用洞口上方所开的天窗，使洞内显得明暗相映、朦胧神秘。

总之，大足石刻在诸多方面都开创了石窟艺术的新形式，成为具有中国风格和中国传统文化内涵，以及体现中国传统审美思想和审美情趣的石窟艺术的典范。同时，作为中国石窟艺术发展、变化的一个转折点，大足石刻所出现的许多有异于前期的新因素又极大地影响了后世。

3. 石窟艺术生活化的典范

大足石刻是石窟艺术生活化的典范，特色独具，国内第一，国外无比，堪称古今中外人类社会的缩影，具有前期各代石窟不可替代的历史、艺术、科学和鉴赏价值。

大足石刻在内容取舍和表现手法方面，都力求与世俗生活及审美情趣紧密结合。其人物形象文静温和，衣饰华丽，身少裸露；形体上力求美而不妖，丽而不娇。造像中，无论是佛、菩萨，还是罗汉、金刚，以及各种侍者像，都颇似现实中各类人物的真实写照。特别是宝顶山摩崖造像所反映的社会生活情景之广泛，几乎应有尽有，颇似 12—13 世纪中叶间（宋代）的一座民间风俗画廊。无论王公大臣、官绅士庶、渔樵耕读，各类人物皆栩栩如生，呼之欲出。

大足石刻以其浓厚的世俗信仰，淳朴的生活气息，在石窟艺术中独树一帜，把石窟艺术生活化推到了空前的境地。这些石刻，把儒、释、道三家的教义阐释得生动有趣，中国的传统文化伦理道德，以生活的场景，被刻在石上，成为一部通俗立体的教科书。

4. 认识历史的鲜活史料

大足石刻作为中国民间宗教信仰的产物，便是其重要实物例证。大足石刻不仅有规模巨大的佛教造像和体系完整的道教造像，还有石窟造像中罕见的纯儒家造像，而且"三教""两教"合一的雕刻也很多。大足石刻的这种文化现象作为实物例证，反映出在中国文化史上儒、释、道三家长期以来既斗争又融合，到宋代时"孔、老、释迦皆至圣"，"惩恶助善，同归于治，三教皆可通行"的"三教合流"思想占主导地位的局面已经巩固，世俗信仰对于"三教"的宗教界线已日渐淡漠。

大足宋刻中有几处道教、儒家石窟和多处"三教造像",这又是研究道教史、儒家史和"三教"关系不可多得的资料。大足石刻的思想背景与艺术本身之间的关系为我们更准确地了解真正的历史提供了珍贵的佐证。

总之,论规模之大、造诣之精、内容之丰富、艺术之精美,大足石刻都堪称是一项伟大的艺术杰作。大足石刻既是中国石窟艺术重要的组成部分,也是 9 世纪末至 13 世纪中叶世界石窟艺术中最为壮丽辉煌的一页。

（三） 大足石刻相关故事与传说

1. 九龙浴太子

净饭王之妻摩耶夫人身怀有孕,出游兰毗尼园中,手攀树枝,太子悉达多从其右腋下降生。太子降生即能行走七步,步步生莲,并一手指天,一手指地说:"天上地下,唯我独尊。"时有九条神龙飞至太子头顶,口吐香水,为太子洗浴,诸天护俱来守护。

此故事见于宝顶大佛湾第 12 号龛。刻太子裸坐于浴盆中,顶上石雕九龙,正中巨龙口吐泉水淋浴太子。此系匠师巧妙地利用自然形势,疏导岩上堰塘之水,结合佛经故事而创造的一组石雕,龙口潺潺流水,终年不竭,给人以新奇之感。

2. 涅槃升天

佛年高八十,自知不久人世,于是起程回拘尸那城准备升天。走至半途,于娑罗树间涅槃。众弟子悲痛呼号,有人引火自焚,王公百姓呼天抢地。大弟子迦叶远来后至,以头碰棺。佛感到不忍心,起而为众人留下最后脚迹于无恼害国。并说他此去,其母摩耶夫人携诸天女来迎。为止从人悲恸,以法力划地为波涛汹涌的大河阻隔大众,遂安详寂灭。

中国著名石窟

此故事见于宝顶大佛湾第11号涅槃像，已不见弟子等悲号之情，刻众弟子礼佛默衰送行，上有其母率天女来迎。气势宏大，肃穆神秘，突出了涅槃是到另一个理想境界的佛教教义。

3. 宝顶千手观音的来历

古时候妙庄王有三位美丽的公主。长女妙金，二女妙银，最小的叫妙善。妙金、妙银都在家里尽心侍候父母，唯有妙善从小虔诚信佛，出家当了尼姑。妙庄王苦苦劝她回宫，但她始终不肯。妙庄王一怒之下，拆了庙宇，赶走了和尚。可哪曾想到，这下惊动了天神。天神怪罪下来，使妙庄王全身长了五百个大脓疮。妙庄王四处求医，均无法治愈。后来，有位医生说此病必须要亲骨肉的一手一眼和药才能治好。他没有办法，只好求助于妙金、妙银，但二位公主皆不愿献出。三公主妙善在外知道后，毅然献出一手一眼，为父亲和药治病。果然，妙庄王的病体不久就康复了。妙善公主大愿大德的孝行，不仅教育了妙庄王，而且，释迦牟尼知道后亦深为感动。为了让妙善公主能时时拯救苦难众生，释迦牟尼便赏赐了她千手千眼。从此，妙善公主便成了众所祈求的千手千眼观音菩萨了。

4. 送子娘娘

古印度王舍城外有位美丽动人的牧牛姑娘，天资聪颖，能歌善舞。当为庆祝独觉佛出世而举行盛大集会时，赴会的五百人明知牧牛女已身怀有孕，却偏偏强迫她起舞，致使胎儿坠地而死，牧牛女被丈夫遗弃。她满怀悲痛，发誓在来世一定要吃尽城中婴儿，遂自杀身亡。不久牧牛女变成了妖怪，与魔鬼半子迦结了婚，后有了五百个儿子。可她不忘誓言，每天定要去吃别人家的小孩，弄得王舍城内一片惊慌。此事惊动了释迦牟尼，

大足石刻

赶去劝她，但她根本听不进去，不愿改恶从善。释迦牟尼见劝化不成，心生一计。趁牧牛女外出之机，将她五百个儿子中最心爱的一个藏了起来。牧牛女回到家中，发现爱子不见了，悲痛欲绝。此时，释迦牟尼出现在她面前，对她说："你有五百个孩子，仅失一子，就如此痛苦，你每天去吃别人家的孩子，他们的父母就不痛心吗?"说完飘然而去。牧牛女听后，将心比心，从此，便皈依佛门，改恶从善，不仅不再食小孩，还成了保护小孩的"诃利帝母"，群众俗称她为"送子娘娘"。

三、大足石刻典型代表

（一）北山石刻

1. 简介

北山，又名龙岗山，北山石刻位于大足县城西北2千米处的北山之巅，海拔545.5米。唐代昭宗景福元年（892年），昌州（今大足县）节度史韦君靖在北山修建储粮屯兵的永昌寨，同时开始凿造佛像。经五代、两宋，相继在佛湾、营盘坡、观音坡、北塔寺、佛耳岩等处造像。至南宋绍兴年间（1131—1162年）结束，历时200多年。

该窟造像秀美，雕刻精细，力学光学构思巧妙周密，整体安排和谐，对比强烈，以恬静的面部反映其内心的宁静，以玲珑的衣冠显示其身份的高贵；以线造型，线面并重，富有中国民族特色。璎珞蔽体，飘带满身，花簇珠串，玲珑剔透，装饰味浓，且多保存完好，宛如新刻，被公认为是"中国石窟艺术皇冠上的一颗明珠"。这些造像的形象、姿态、性格、神情以至衣褶、饰物等，皆耐人寻味；组合变化丰富，刻工精美，步步移，面面观，出人意料的意境层出不穷。

北山石刻以佛湾造像最为集中，在长300多米、高7米的崖壁上，有碑碣6通，题记和造像铭记55则，经幢8座，阴刻《文殊师利问疾图》一幅，石刻造像264龛窟。佛湾石刻分南北两个区域，南区大多是晚唐、五代作品，北区大多为两宋时期作品。

佛湾佛像雕刻精细，体态俊逸，风格独特，以艺精技绝、精美典雅而著称于世。"心神车窟"中的"普贤菩萨"造像精美，被誉为"东方维纳斯"；"数珠手观音""日月观音"都显示出古代工匠相当高超的技艺；"地藏变像"则又大刀阔斧地表现，独具一格；"转轮经藏窟"被称为"石雕宫阙"。"韦君靖碑""蔡京碑""古文孝经碑"为世所独存，既是书法珍品，又可补史料之遗缺，价值极高。

2. 建造简史

北山摩崖造像近万尊，主要为世俗祈佛出资雕刻。现存雕刻 4 600 多尊，造像题材共 51 种，以当时流行的佛教人物故事为主，约占总数的二分之一以上，其次有三阶教、净土宗等。这些造像题材都是在当时民间极为流行的，是佛教世俗化的产物，异于中国早期石窟。

晚唐造像题材有 12 种类型，以观音、地藏合龛和阿弥陀佛胁侍观音、地藏居多。造像端庄丰满，气质浑厚，衣纹细密，薄衣贴体，衣饰简朴，线条流畅，具有盛唐遗风。第 5 号毗沙门天王龛、第 9 号千手观音龛、第 10 号释迦牟尼佛龛、第 51 号三世佛龛、第 52 号阿弥陀佛龛等都是其代表作品。尤其是第 245 号观无量寿佛经变相内容丰富，层次分明，刻"西方三圣""三品九生""未生怨""十六观"及伎乐天人、楼台亭阁等；人物造像 539 身，各种器物 460 余件，保存了多方面的形象史料，在中国石窟同类题材造像中首屈一指。

五代造像占北山造像的三分之一以上，有着承上启下的重要作用。造像题材有 18 种，出现了药师经变、陀罗尼经幢等新内容。其艺术特点是小巧玲珑，体态多变，神情潇洒，纹饰渐趋繁丽，呈现出由唐至宋的过渡风格。如第 53 号的佛、菩萨像，多彩多姿，衣着服饰由简到繁，既有唐代雕刻的丰满古朴，又具宋代造像的修长身躯。第 273 号的千手观音及其侍者、第 281 号的东方药师净土变相等，薄衣贴体颇具唐风，仪容秀丽又似宋刻。

宋代造像题材广泛，多达 21 种，以观音最为突出，被誉为"中国观音造像的陈列馆"。观音的

大足石刻

造像，一般都端庄肃穆。但这里的观音，却典雅秀丽，表情丰富，显得亲切可爱，更加贴近生活，艺术力量已经突破了宗教的规范，体现了宋代的审美情趣。造像具有人物个性鲜明、体态优美、比例匀称、穿戴艳丽等特点，彰显民族特色。

3. 主要景点

（1）转轮经藏窟

转轮经藏窟是北山石窟中规模最大、最为精美的一窟，建造于南宋绍兴十二年至十六年（1142—1146年），编为第136号，俗称心神车窟。

窟为平顶长方形中心柱窟，坐东朝西。窟正中凿一巨大八角中心柱，中心柱为转轮经藏，柱础高大，直径2.61米，柱上部为8根小柱，上各盘一龙，龙柱上顶八角飞檐。柱底部为须弥座，座身中段刻一大蟠龙，座上围一圈栏杆，刻有约50个嬉戏的儿童，天真顽皮，活泼可爱。柱上部作八面形高厚顶盖，每面以楼阁宝塔为饰。柱中部镂空环列八柱，支撑于露盘之上，顶盖之下，成八柱亭式法轮形制。此转轮中空透光，圆满地解决了支撑和采光之间的矛盾，匠心独具。全窟呈对称构图，井然有序，正壁刻一佛、二弟子、二菩萨，左右壁各刻三菩萨，或坐或立、或正或侧，既可独立成龛又使全窟浑然一体。大部分造像至今保存完好，宛然如新。从内到外，窟左壁为文殊菩萨、宝印观音、如意珠观音；右壁为普贤菩萨、日月观音、数珠手观音。

右壁普贤菩萨，结跏趺坐于莲座，莲座置于白象背上。宝冠以佩玉、珠琏、花草为饰，刻纹婉转流丽。隆鼻、长眼而目光向下，薄唇而嘴角微微后收，泛起一种似笑非笑、欲笑又忍的神情。脸型清秀、圆润，身材修长，上身向前微倾，凝神深思，端庄透温柔，文静含妩媚。有的艺术家认为她集中了东方女性美的特征，可以称为"东方维纳斯"，也可称为东方的美神和爱神。

全窟雕造工艺精美绝伦，巧夺天工。刀法准确利落，花簇珠串玲珑剔透，观赏者无不叫绝。绕窟细看，有步步移、面面观、色色新之妙。被赞誉为"中国石窟艺术皇冠上的明珠"。

（2）十三观音变相

北山佛湾的观世音菩萨是大足石刻中最集中、最多、最精美的。人们敬仰观音，视观音为"美神"，因此，北山佛湾有"美神荟萃的艺术宫殿"之说。

十三观音变相刻于宋代。窟正中刻圣观音，圣观音左右侧各立六身观音。圣观音是观音的总称。圣观音体魄健壮袒露右肩，上身斜挂一衣带，下着羊肠短裙，左手撑台，右手抚膝，跷腿坐于束腰高方座上，显出男性阳刚之态。身后有圆形背光，顶悬如意宝盖，座前刻两朵仰莲，两侧十二身观音静穆庄严，但在庄严中又透露出几分女性的风韵。

十三观音神态各异，有的双眼平睁似笑，有的皱眉似愁，有的慈容可亲，有的扬眉动目，有的低眉垂目，有的静虑深思，个个皆衣饰华丽，赤足立于圣洁的莲朵之上，好似十三位美女，造像神奇。

（3）数珠手观音

第 125 号龛的"数珠手观音"是一尊脍炙人口的精品。这尊雕像，俨然一位妙龄少女，形体比例匀称，肌肤线条柔和，头戴花冠，发丝垂肩，服饰华丽；头向左侧低俯，目光下视，含睇欲笑；观音右手持珠，左手轻轻地握住右手腕，双手自然下垂交叉于腹前，给人以豁达大度、悠闲自若的感觉。袒胸露臂，衣裙飘拂，颇有静中寓动、"吴带当风"之趣，给人以飘飘欲仙之感。整个神态，天真腼腆，幽思含情，容貌俏丽妩媚，因而被人们称为"媚态观音"。

同时，观音整个身躯笼罩于椭圆背光之中，营造了和谐统一的完美感和图案形式之美。古代雕刻家们以炉火纯青的高超技艺对观音面部进行细腻刻画，达到了出神入化的境地，使观音全然失去菩萨的威严，而成为一位动人心魂、充满活力、可亲可敬的飘飘仙子，这样处理，缩短了人和神之间距离。从雕刻技巧看，人体比例正确，动态自然，人体转

大足石刻

折部位处理恰到好处，试加一分则长，试减一分则短，无论从哪一个角度欣赏，都不失为一个形神兼备的佳作。

（4）北塔

北塔又名多宝塔、报恩塔，为密檐八角砖塔，是全国重点文物保护单位。该塔 12 层，高 33 米，内外镶嵌石刻，内作六层可以攀登，是一座密檐式与楼阁式相结合的塔。北塔迄今已历 800 余年，远望近观，雄伟壮观。塔前崖下有 5 米高的多宝佛和释迦佛二佛并坐像。在塔前既观东方日出，又瞰棠城风光，是具有历史、艺术、科学、旅游价值的综合性古建筑。

北塔称报恩塔，这其中还有一个故事。宋绍兴年间建塔时，四川泸南沿边安抚使冯楫幼年丧父离母，寄养于人，成人之后遍寻其母未成。50 岁时在四川为官，庆五十大寿这天遇一瞎眼老太婆乞讨，老太婆思及儿子也是今日满 50 岁，故生悲而哭述；冯楫诧而相问，老太婆不但能说出冯楫籍贯，而且能说出冯楫生下来时是双胞胎，二子两背相连，以刀剖开，一生一死，生者背上有长长的刀痕。冯楫叩头认母，悲喜交加，并为母亲延医求治，焚香祈祷，跪舔其母双眼，使其母双目复明，重见天日。冯楫认为皇天有眼，决心出资建塔报恩，故此，北塔又名报恩塔。

（5）观无量寿佛经变相

北山佛湾第 245 号观无量寿佛经变相龛开凿于唐末，系根据《观无量寿佛经》雕刻而成，所表现的是西方极乐净土。

龛上部及顶部通过神话般的描述，展现了梦幻般的极乐美景。龛正中刻阿弥陀佛、观音、大势至，三位合称"西方三圣"，他们的职能是主宰西方净土，接引众生往生净土。三圣身后，宝盖香花，五彩迸发，精美异常，众生在廊宇之间、筵席之首、扶栏之处或漫游，或观望，或游戏，均以佛为师，以菩萨为友，和睦亲善，呈现出一派"西方净土七重栏，七宝庄严数百般，琉璃作地黄金色，诸台楼阁与天连"的美景。

三圣上方，七宝楼阁巍峨屹立，亭台廊榭错落有致，栅栏曲曲通达下界，左右壁之八功德池池水味甘色美，可以解除人们的饥馑瘟疫。殿、台、廊、栏四周林木茂盛，百花争艳，雀鸟齐鸣，祥云朵朵，诸般乐器，悬于虚空，不鼓自鸣；又有飞天起舞，青鸟翱翔，预示着净土成员整天都生活在音乐舞蹈、鸟语花香之中，除了有优越的物质生活条件外，还具备清新、优雅的环境。

全龛造像布局严谨，构图饱满，人物多达530余尊，小者不盈寸，但刻得栩栩如生。天上人间浑然一体，极富神话色彩，表现场景繁多，展示器物丰富，在表现手法方面高雕、浅雕、镂空诸般技法并用；且透视法则正确，层次分明，空间感极强；这些都充分展示了唐代雕刻的高超技艺。同时此作品为研究唐代乐器、建筑、服饰、舞蹈等方面提示了重要的形象资料，在同类题材中至今保存完整，尤为珍贵，被誉为"晚唐最为精美的石窟艺术作品"。

（6）孔雀明王窟

孔雀明王又名阿育王，是印度孔雀王朝创始人旃陀罗笈多之孙。他统一了全印度，大力扶植佛教，并立为国教。他在佛教史上具有承前启后的地位，后来佛教徒将其敬为明王菩萨。据佛经载，有一僧名莎底，在砍柴时恰遇大黑蛇，被咬伤大拇指，生命垂危。释迦弟子阿难将之告之佛陀，佛陀建议念诵《大孔雀明王神咒》以除毒。阿难依佛念咒，莎底果然得救。于是以孔雀明王为本尊进行修持的方法，成为密宗最重要的修持方法之一。

在第155号窟中，孔雀昂首挺立，羽尾上张如柱撑接窟顶，背负莲座。孔雀明王服饰华丽，披荷叶形短披肩，胸饰璎珞，身长四臂四手，上托经书、如意，下执扇、孔雀羽毛，盘坐于孔雀背上。孔雀亭亭玉立，嘴向右偏于肩，既增加了生动性，又使孔雀细长的嘴不易断落，可谓匠心独运。孔雀双腿挺立，腿间以乱石山形为像基座，使得整组雕塑细中有粗，韵律别致，也使明王位置上升，增添了庄严气氛。

窟中三壁为千佛，形体细小，排列整齐密集。佛经说世界经历了庄严劫、贤劫、星宿劫三劫，每劫都有千人成佛，而且各有名号。这些密布的千佛，疏密上和主像形成对比，使窟内的造像气氛热烈而主次分明。

(7) 摩利支天女

摩利支天又称摩利支菩萨，意为"阳焰"，本为古印度之光明女神，后被佛教吸收，成为护法天神。据佛经记载，摩利支天有大神通自在之法，无人能见，无人能知，无人能害，无人欺诳，无人能缚，无人能责罚，亦不畏怨家，等等。其最大特点是能隐身，所以长期以来尤为武士所尊崇，将其视为守护之神。

第 133 号龛中摩利支天女三头六臂，正面善相，呈微笑状。顶有宝塔，塔中现毗卢舍那佛，手执剑、戟、弓、盾等兵器，脚踏战车，头戴花冠，俊面秀容，张嘴娇唱发号令，飒爽英姿。前面二像奋力挽辕，两旁侍立八个金刚力士，皆作武士装束，多头多臂，形体夸张，肌肉强健有力，粗犷剽悍，大有扫除魔障澄清寰宇之气概，给人以强烈的视觉冲击和心灵震撼。全龛内容丰富，构思细腻，笔触豪放。

(8) 碑刻诗词

北山不仅佛像是精美的，其造像中为数不少的碑刻诗词也极为珍贵。北山石刻中，现存碑碣 7 道。其中，刻于 895 年的保存在北山佛湾上的"韦君靖碑"，是研究大足石刻的珍贵资料，碑高 1.8 米，宽 3 米，碑文 66 行，具有补唐史的重要价值。此外，刻于宋代的赵懿简公神道碑，系宋代四大书法家之一的蔡京所书，为书法艺术之珍品；二十二章古文孝经碑，则被史家称为"寰宇间仅此一刻"，对研究中国历史和书法有很重要的价值。位于北山长廊北段之首的古文孝经碑，全文共有 1 815 字，今尚存 1 752 字，对我们研究先秦文化、思想以及后来中国文化、思想具有极高的价值。此外，还存有题刻、诗词 17 件，造像记 77 件，这些对历史地理、宗教信仰、石窟断代分期、历史人物等的研究皆具有较高价值。

（二）宝顶山石刻

1. 简介

宝顶山位于大足县城龙岗镇东北 15 千米处，海拔 527.83 米。宝顶山石刻由南宋号称"第六代祖师传密印"的密宗大师赵智凤于南宋淳熙至淳祐年间，历时 70 余年，以大佛湾、小佛湾为中心，经总体构思组织开凿而成。它长 500 米、造像逾万尊，气势磅礴，雄伟壮观；变相与变文并举，图文并茂；布局构图谨严，教义体系完备，是留存至今的中国唯一的一座佛教密宗石窟寺。

宝顶山石刻以圣寿寺为中心，包括大佛湾、小佛湾等 13 处造像群，题材主要以佛教密宗故事人物为主，石刻造像保存完好，规模宏大，雕刻精美，技艺非凡，人物表情丰富、生动；其内容始之以六趣唯心，终之以柳本尊正觉成佛，有教有理，有行有果，系统完备而有特色；表现形式在石窟艺术中独树一帜，万余尊造像题材不重复，龛窟间既有教义上的内在联系，又有形式上的相互衔接，形成一个有机的整体。宝顶山摩崖造像把中国密宗史后延了 400 年左右，为中国佛教密宗史增添了新的一页。

大佛湾长约 280 米，崖面长约 500 米，高约 8—25 米。位于圣寿寺左下一个形似"U"字形的山湾，造像刻于东、南、北三面崖壁上，通编为 31 号，依次刻护法神像、六道轮回图、广大宝楼阁、华严三圣、千手观音、佛传故事、释迦涅槃圣迹图、九龙浴太子、孔

大足石刻

雀明王经变相、毗卢洞、父母恩重经变相、雷音图、大方便佛报恩经变相、观无量寿佛经变相、六耗图、地狱变相、柳本尊行化图、十大明王、牧牛图、圆觉洞、柳本尊正觉像等。各种雕像达 15 000 多躯，浮雕高大，题材广泛，龛窟衔接，布局严谨，整体感强，气象壮观。设计精巧，无一龛重复。另有记载宝顶山造像由来和佛教密宗史实的碑刻 7 通，宋太常少卿魏了翁等题记 17 则，舍利宝塔 2 座。

小佛湾位于圣寿寺右侧，坐南面北，其主要建筑为一座石砌的坛台，高 2.31 米、东西宽 16.5 米、进深 7.9 米。坛台上用条石砌成石壁、石室，其上遍刻佛、菩萨像，通编为 9 号。主要有祖师法身经目塔、七佛龛壁、报恩经变洞、殿堂月轮佛龛、十恶罪报图、毗卢庵洞、华严三圣洞、灌顶井龛等。传说小佛湾即赵智凤所创建的圣寿本尊殿遗址。

2. 特点

(1) 内容丰富、规模宏大

石刻内容前后连贯，山顶有圣寿寺，造像以寺西北山谷中的大佛湾和寺东面的小佛湾为中心，东有龙头山、三元洞、大佛湾，南有广大山、松坡林，西南有三瑰牌，西有佛祖岩，西北有龙潭，北有对面佛，东北有仁功山等，气势磅礴，用一组组的雕像来连续表达一个或几个不同内容的佛经故事，不仅内容丰富，而且具有浓郁的生活气息，好似一幅镌刻在 500 多米的崖壁上的连环图画，倚天而立，向人们讲述画卷上的故事。前后内容连接，雕像无一雷同，既有田园诗式的"牧牛图"，又有秀美脱俗的"吹笛女"，既有庄严浩大的释迦佛祖，又有气势磅礴的千手观音。千手观音 1 007 只手屈伸离合、参差错落、有如流光闪烁的孔雀开屏。这不但是中国千手观音之最，也是世界佛教艺术中一大奇观。

(2) 选材周密、教义完备

宝顶山的石刻是经过通盘规划、设计以后，先雕刻出小样，作为蓝图，然后再扩大雕，好像现在盖房子先做模型一样，因而选材布局独具匠心。圆觉洞内的数十尊造像刻工精细，衣衫如丝似绸，台座酷似木雕。洞口上方开一天窗采光，光线直射窟心，使洞内明暗相映，神秘莫测。高大的华严三圣像依崖屹立，身向前倾，成功地避免了透视变形，袈裟绉褶舒展，披肩持肘，直至脚下，支撑手臂，使文殊手中所托数百斤重的石塔历千年而不下坠。

造像还注重阐述哲理，把佛教的基本教义与中国儒家的伦理、理学的心性及道教的学说融为一体，兼收博采，显示了中国宋代佛学思想的特色。经变相对应配刻经文、偈语、颂词等，是历代藏经未收入的藏外佛教石刻文献，对佛教典籍的研究具有重要学术价值。如在正觉像之右，有一通碑，名为《重修宝顶山寿圣寺碑记》，这是迄今为止所发现的直接反映赵智凤生平事迹的唯一文字资料。此碑为明洪熙元年大足儒学教谕刘畋人所书，它是研究大佛湾石刻造像来历的一块极为重要的史料碑。

（3）造像生动、匠心独运

宝顶山石刻造像灵动、装饰恰到好处，注意形式美和意境美的统一。例如释迦涅槃像，又称卧佛，只露半身，其构图有"意到笔伏，画外之画"之妙，给人以藏而不露的美感，这是中国山水画对于有限中见无限这一传统美学思想的成功运用。又如地狱变相龛刻阴森恐怖的十八层地狱；牛头马面狰狞强悍，受罪人呼天号地；尖刀、锯解、油锅、寒冰、沸汤诸般酷刑惨不忍睹，令人触目惊心。另有"六道轮回""广大宝楼阁""千手观音""释迦涅槃圣迹图"

"父母恩重经变像""圆觉道场"
"牧牛道场"等，形象逼真，寓意
深刻。造像旁还刻有经文、颂词等
文字说明，宛如一幅幅图文并茂的
连环图画。

"九龙浴太子图"利用崖上的
自然山泉，于岩壁上方刻九龙，导
泉水至中央龙口而出，让涓涓清泉
长年不断地洗涤着释迦太子，给造
像平添了一派生机，堪称因地制宜
的典范。这种地形原本是不适于崖

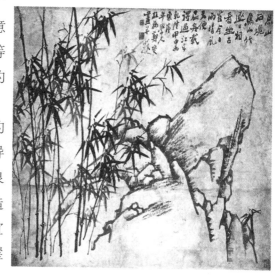

刻的，因为日久天长会把崖壁浸蚀，但是古代石匠巧妙地利用雕刻把水池积水从龙头排走，变不利条件为有利条件，这种匠心独运，不能不使人感到钦佩。

(4) 取材生活、构思细腻

宝顶山石刻造像内容和表现手法都力求生活化。如"父母恩重经变相"刻有求子、怀胎、临产以及养育子女的过程，形象生动，感人肺腑。"牧牛图"长达30余米，刻出林泉山涧，云雾缭绕，其间穿插"十牛、十牧"，抒情诗般地再现了牧牛生活。又如横笛独奏的"吹笛女"，酒后昏乱的"父子不识""夫妻不识""兄弟不识""姐妹不识"的"醉酒图"等等，无不活灵活现。

特别值得一提的是，"养鸡女图"中的养鸡女，恬淡娟秀，朴实端庄，头梳高髻，衣着朴素，紧身窄袖，打开鸡笼，已出笼的两只鸡争吃一条蚯蚓，还有小鸡欲出笼。把一个养鸡女的神态，雕刻得那么安祥、镇定，让人有些琢磨不透。这一反映农家日常生活场面的雕像，极为生动亲切，富有生活情趣，将严肃的宗教内容表现得极有人情味。雕刻大师们体验生活之精微，再现生活之准确，令人叹服。总之，这些佛教造像群的世俗化、民族化、生活化特别显著，宛若一处大型的佛教圣地，展现了宋代石刻艺术的精华。

3. 主要景点

(1) 圣寿寺

原称五佛崖，扩建后用现名，其依山构筑，殿宇巍峨，雕饰精美。圣寿寺为南宋大足僧人赵智凤所建，后遭元、明兵燹，明、清两度重修。解放后，圣寿寺被列为全国重点文物保护单位，宝顶石刻的附属古建，经多次维修，已恢复本来面目。它以古色古香的样式、巍峨壮丽的气魄，吸引着中外游人。

禅寺现存古建筑群占地面积5 000平方米，由山门、天王、帝释、大雄、三世佛、观音、维摩七殿和两廊寮房依山而构，分布有致，飞檐门角，气势宏伟。

明永乐年间，在该寺南侧修建二十余米高、八角四重檐的"万岁楼"。寺内刻有大佛湾造像雏形，当是大佛湾造像蓝本。殿宇有镂雕彩绘数千幅，形态各异，栩栩如生，典雅清丽；殿内圣像庄严令来者杂念顿失，肃然起敬。寺内园林曲径通幽，古木参天，奇花异草触目皆是，四时峥嵘。1504年，僧录完公奉朝命将明孝宗皇帝手画水莲观音像送五台、普陀、宝顶供侍，使三山齐名海内。圣寿寺在明、清时香火鼎盛，现年计香客游人近百万众，每至二月香会，人如潮涌，香如巨薪，史有"上朝峨眉，下朝宝顶"之盛誉。

(2) 壮观的千手观音

千手观音是一个非常壮观的雕像，令人眼花缭乱，心摇目眩。它的"千手"，准确数字是1 007只手，传说本来1 009只手才是最顶点，由于中国古代把数字分为阳数和阴数，奇数为阳，偶数为阴，而皇帝为"九五之尊"，故雕刻了1 007只。这些手如孔雀开屏般从上、左、右三个方向伸出，巧妙地分布在88平方米的崖石上，重重叠叠，扭曲蜿蜒，像四射的火焰，又似无数条金蛇，有种妖异的美，让人情不自禁地被蛊惑，只想磕头和膜拜。每只手都雕得纤美细柔，手里拿着斧头、宝剑、绳索等法器，千姿百态，无一雷同。

在千手观音的每一只手中还有一只眼，她的全名是"千手千眼观世音自在菩萨"。千手表示法力无边，可以拯救众生于危难。千眼表示智慧无穷，可以普观世界，明察秋毫。千手观音造像在中国佛教造像中比较普遍，但像这样名副其实的立体石刻千手观音却世所罕见。"画人难画手"，要画出一百只不同形状的手都很不容易，更何况在坚硬的岩壁上打刻一千多只，而且手的姿势无一雷同，没有一只手在当时被打坏，这真可谓是鬼斧神工，令人叹为观止。

(3) 宝顶卧佛

这是大足石刻中体魄最宏伟的一尊造像，在大佛湾内占据了最显赫的位置。他横卧于佛湾东岩，长达

31米，为半身像，其造型比例恰当，体形丰圆壮硕。按佛经的说法，它应该叫释迦涅槃圣迹图。涅槃是佛教的最高境界，指修行圆满，从生老病死以及各种欲望忧虑的苦海中解脱出来，进入不生不死、尽善至美的理想境地。

释迦头北脚南，背东面西，右侧而卧。两眼半开半闭，似睡非睡，安祥，平静，真正达到了佛家所言的"尽善至美的理想境地"。在释迦面前从地里涌出18弟子，或内向，或外向，或合掌而立，或手捧香花水果，或手持如意，或侧首伫望，皆作悲恸状。表现了弟子对逝者崇敬厚爱而依依眷恋之情。释迦的胸前设有供坛、祭品和香炉，炉中香烟袅袅，直上青天。在云端之中站着的是释迦牟尼的家眷，经书上说：释迦之母摩耶夫人于兜率天宫闻得释迦涅槃的消息，率众眷属从天而降，持香花水果，游虚空以赞圣德。整龛造像布局严谨，既烘托出佛主涅槃的神圣气氛，又收到了"以小衬大，以竖破横"的艺术效果。这幅图画给人的感觉是肃穆宁静，而没有惊恐慌乱的情景。

安岳的卧佛沟、北京的卧佛寺、敦煌千佛洞、甘肃麦积山、合川千佛岩等处，都有全身卧佛像。唯有宝顶山这尊卧佛是半身像，将下半身隐入石岩之中。这种意到笔不到的手法，有种于有限中产生无限联想的艺术效果。故大足民间对宝顶山卧佛有"身在大足、手摸巴县、脚踏泸州"的说法，给人以无限想象的空间。整龛造像气势宏伟，虚实相间，意境深邃，既符合宗教造型艺术的仪轨，又有一定的新意。

中国著名石窟

162

（4）毗卢道场

毗卢道场刻于宝顶大佛湾千手观音像对面崖壁上，编为第 14 号，为一平顶中心塔柱式洞窟。此窟为毗卢遮那佛为众弟子讲经说法的组雕。

窟壁正中以高浮雕的形式刻着一转轮经藏，中间端坐着毗卢遮那佛，他手结最上菩提印，口吐文理之光，密传真言，直入诸佛菩萨之耳。声音本属音响艺术的表现范畴，直觉的造型艺术不好表现，但匠师们却在这里巧妙地用雕刻艺术手段把它表现了出来。在转轮经藏的基座上，匠师们以浅浮雕的形式雕刻出一组弥勒经变故事，两旁刻有"正觉院"和"翅头城"，中列十个人物或坐而讲法，或虔诚跪听，或顶礼膜拜，以精简之笔，描绘出丰富的内容。其人物神情动态的刻画于细微处极见功夫，可堪玩味。

窟前右壁主像为两尊坐佛，所戴花冠玲珑剔透，极为精细，面部肌肤细腻，显得静丽温婉。左侧佛像莲座之下，有一供养菩萨面壁而跪，背向观者；右侧佛像莲座之下，立有一天王，体魄健壮，抚剑怒目，俨然宋时武夫。在他们的狮子座下，刻有许多小狮子，这些狮子或匍匐，或倒立，姿态夸张而各不相同，造型活泼奔放。

整窟造像雕刻技法纯熟洗练，人物形态俊美庄严，衣饰富丽堂皇，充分显示出艺术语言的精练和装饰性造型的优美，堪称宋代石刻中的优秀代表。尤其是一些手持宝剑的金刚造像，他们身着铠甲，披巾绕身，赳赳英武，形象地再现了南宋武将们的风采。他们雄健奔放的轮廓线更加强了装饰性的艺术效果，他们的装束，为我们研究南宋武士的着装提供了宝贵的实物例证。

（5）圆觉洞

宝顶大佛湾南岩西边有一个较大的石窟，那就是圆觉洞，为整石开凿，宽敞如室。洞口有作奔突怒吼状的石狮一只，狮子造像在国外多呈自然状态，而在中国，它蕴涵的人的意识和精神方面的东西要多一些。它在佛教中起着使人正心不起邪念的作用，同时也象征佛说法如狮子吼，能

大足石刻

163

威震四方，让众生豁然开朗。夹巷崖面上刻有"宝顶山"三个大字，是南宋理学家、诗人魏了翁的手笔。

圆觉洞深 12 米，宽 9 米，高 6 米，是大佛湾内最大的洞窟造像。在洞壁的两侧俨然整齐地排列着文殊、普贤、普眼等十二位觉行圆满的菩萨。他们在修菩萨行的过程中，遇到许多疑难问题，正轮流跪于佛前请示，佛各别作答。这一问一答记录形成的《大方广圆觉修多罗了义经》便是这窟造像的经典依据。

整个窟内的造像，可称为宝顶石刻艺术之精华。洞内石雕，刻画细腻，造型优美，装饰性强。袍袖飘带轻柔婉转，如绢似绸。窟内正壁刻"三身"佛（法身、应身、报身），两侧刻十二圆觉，左右各六尊，下有基座。六个基座相连，形成一个整体。在正面佛坛下，有一张巨大的长方形供案，虽不能移动，却酷似木刻，质感很强，可以乱真；供案下面跪着一尊菩萨，是在地上生了"根"的，低头合掌，恭敬虔诚，乞请佛祖说法。左右壁为十二圆觉菩萨，跌坐莲台，妙丽庄严，姿态不一。壁间刻楼台亭阁，人物鸟兽，花草树木，幽泉怪石，近似写实作品，是大佛湾雕刻的精华。

菩萨们头戴的花冠精巧玲珑，大都为镂空雕刻，她们身挂的璎珞细珠，历经八百多年仍然粒粒可数；她们身上的袈裟舒展柔和，如行云流水一般搭在座台上，极富丝绸的质感，就像微风徐来，亦会"满壁风动"一样。这里的造像从形象到神韵、到意境都被表达得细腻而准确。十二位菩萨个个端庄典雅，风姿飘逸。她们柔和的目光，微微后收的嘴角以及弥漫于脸部那洞察一切的浅浅微笑，无不透露出她们内心的恬静优雅，显示出她们超凡绝尘的气质。她们脸部的肌肉丰满细腻，具有童颜肌肤的质感，就好似在细润的肌肤下有血液在缓缓流动一般。她们的轻纱薄裙、璎珞飘带都随着身体的起伏转折而微妙地变化，她们整个形体结构所表现出的那种优美的韵律感令人陶醉，可以毫不夸

中国著名石窟

张地说，整个圆觉洞就是一件镂空的艺术品。

(6) 父母恩重经变相

在宝顶石刻中编为 15 号，全龛造像可分为三层，上层刻七佛，皆半身，着褒衣博带式袈裟，容貌相似，下层主要为变文说明。

中层以浮雕的形式，把父母含辛茹苦养育儿女的过程，从怀孕、临产、哺乳到儿女长大成人、婚嫁、离别等，分别用十一组雕像来表现。全龛造像的内容以中间一对夫妇"投佛祈求嗣息"拉开序幕，左右各展开五组雕像，每一组表现一个主题，分别展现父母的各种恩德：怀胎守护恩、临产受苦恩、生子忘忧恩、咽苦吐甘恩、推干就湿恩、哺育不尽恩、洗濯不尽恩、伪造恶业恩、远行忆念恩、究竟怜悯恩。人物形象和思想感情都刻画得相当生动、细腻，并都刻有文字说明。据说，其中穿着开裆裤、摸着妈妈奶头吃奶的孩子的形象，就是迄今为止世界上穿开裆裤的唯一石刻记录。

游人观看这里的石刻，仿佛在欣赏古代的连环图画。艺术大师们在这里把父母养育儿女的辛劳过程以写意的雕刻手法，跃然传神于石壁之上，将世间养育儿女的繁琐生活细节提炼为父母对子女的十大恩德，并且每一幅画展现的都是人们所熟悉的生活情节，使人们在观赏艺术的过程中回忆生活，在回忆中更加深刻地体会、品味和认识生活，同时也使人们的情感和意志在观赏中得到理性的升华。

(7) 华严三圣像

在宝顶大佛湾南岩东端，有三尊擎天柱般的立像。中为毗卢舍那佛，左右为文殊、普贤二菩萨，三尊像合称华严三圣。华严三圣像雕造手法简练，气势磅礴。他们头顶崖檐，脚踏莲台，皆重额广眉，悲悯豁达，给人以熟悉、亲切之感。

这龛造像是大足石刻寓力学、透视学原理于艺术构思的典型范例：文殊手捧 1.85 米高的七级宝塔，手臂悬空支出 1.2—2 米，塔和手的重量近千斤，却一点都没倒。其秘密在于像撑弓式的袈裟，把重力引向地面，

大足石刻

正如木建筑中撑弓、斗拱的原理一般，使文殊手托的宝塔千年不坠。

这三尊造像高达 7 米，雄伟超然。匠师们刻意将他们的头部加大，胸部缩短，小脚部位加长，而且身躯前倾二十五度，正好符合造像与观者之间的透视关系，使人仰首观望时，感觉菩萨好像正亲切地俯下身来，关注大千世界的芸芸众生一般，叫人凡心皆息，祇敬皈命之诚油然而生。菩萨那种威仪奕奕、悲悯无尽的气度得到了充分显示。华严三圣像背壁刻了八十一尊圆龛小佛，它们既丰富了整龛造像的构图层次，又把三尊主像衬托得高大、完善，使整龛造像的气氛显得庄严、热烈。

（8）宝顶牧牛图

宝顶大佛湾牧牛图，画面长 27 米，高 5.5 米，全图随着山岩地形的弯曲，巧妙地结合岩壁上的流水，刻出崎岖的山径、静美的林泉。不少人认为，充满农村生活情趣的牧歌式的石刻"牧牛道场"是最精彩的。它所表现的是牧童驯牛。牛的犟劲和牧童在驯服牛后的悠然自得的神情，都刻画得非常真切生动。在大自然的美景里，刻出十个牧童放十条水牛的十组造像，每组一则颂词，由左至右：

牧牛遇虎组雕，共刻三组造像，出口右面刻一猛虎，头朝下，尾向上，作下山姿势，暴眼圆睁，象征邪恶，好似向牛群扑来。第一组，一牛昂头怒吼狂奔，一牧童在牛后而立，双手用力牵拽，作相持状。牛头右侧刻颂词："突出栏中莫奈何，若无纯绻总由他，力争牵上不回首，者么因循放者多。"第二组，一牧童背上背斗笠，右手举鞭打牛，左手牵牛绳，牛勉强回头。第三组，一牛奔跑下山，一牧童头扎发结，身穿对襟衣，左手扬鞭，右手牵牛，立于牛首之侧。

雨中牧牛组雕：为牧牛图第四组，刻一牧童头戴斗笠，背上捆一鸟笼，爬山遇着狂风暴雨，一牛随之而来，山中狼嚎虎啸，但牛却并未惊慌奔跑。

并肩谈笑组雕：即牧牛图第五、第六组，刻两牧童并肩相依而坐，他们相互耳语，谈笑自若。右旁一牛站立，偏着头竖着耳，仿佛在倾听主人的话语；左旁一牛卧下吃草饮水，牧人和牛的关系已显得轻松、和谐。

握绳缚牛组雕：牧牛图第七组，刻一牧童，面带笑容，头扎两个发髻，目视前方，左手握绳、右手指牛，准备前去缚牛，形象生动。碑上刻："牛鼻牵空鼻无绳，水草由来性自任，涧下岩前无定上，朝昏不免要人寻。"

牧歌高奏组雕：即牧牛图第八、第九组。老牧人在晚霞中怡然忘情地横笛独奏。笛声悠扬动听，连天上飞过的仙鹤也为之却步。旁边年轻的牧人听得如痴如醉，正偏着脑袋为老牧人击拍而歌。牛后有颂词一首："全身不观鼻嘹天，放者无拘坐石巅，任是雪山香细草，由疑不食向人前。"

袒胸仰睡组雕：即牧牛图第十组，刻一牧童在树荫下，袒胸裸腹仰身憩睡，旁一调皮的小猴却从树上爬下摸着牧童的头，唤他醒来。他放牧的牛儿，饱餐山中的野草后，也在一旁卧地休息。

这龛造像取材于现实，采用了山中牧牛的表现形式，顺着山岩的自然弯曲，利用岩间的流水，刻出了牧人挥鞭赶牛、冒雨登山、牵牛徐行、吹笛击拍、攀肩谈笑、畅然酣睡；牛儿翘尾狂奔、侧耳倾听、昂首舔食、跪地饮水、自舔其蹄这些生动逼真的形象，情景交融，风

趣盎然，其别致的民间情调，抒情诗一般的艺术节奏，把人们带入了一种充满诗情画意的自然景象之中。

（三）南山石刻

1. 简介

南山古名铧刃山，又名广华山，位于大足县城东南 1.5 千米处，海拔 514 米，崖面长 86 米，是一处保存完好的道教石刻集中地，山顶至今尚存古玉皇观遗址，山中古木参天，蓊郁荫翳，修篁夹道，曲径通幽，向来就有"南山翠屏"之美称，是历代文人墨客纳凉品茗、吟诗作赋的最佳去处。清大足县令张澍赞曰："夹路松声涌翠涛，丛篁秀色上霜袍，偷闲来问空王法，仰首呼通帝座高。"

此处摩崖造像起源于南宋，明清有增补，共有 15 窟，现存造像 500 余尊，题材主要以道教造像为主，作品刻工细腻，造型丰满，表面多施以彩绘，是现存中国道教石刻中造像最为集中、数量最大、反映神系最完整的一处石刻群，也是大足石刻中书卷气最浓的一处石窟。主要有三清古洞、后土圣母龛、龙洞、真武大帝龛等道教题材。

南山有宋碑 5 通，题记 7 则，清碑 15 通，清、民国楹联各 1 幅。其中 1250 年的何光震饯郡王梦应记碑，记载了 13 世纪中叶四川东部遭蒙古军攻掠后的社会政治历史的基本情况，保存了许多珍贵的第一手史料，具有"以碑证史""以碑补史""以碑断代"的重要价值。

2. 主要景点

（1）三清古洞

第 5 号三清古洞，共刻像 421 尊，以道教最高神"三清"为主，配刻以"四御"及圣母、王母等群神，生动地反映了 12 世纪道教已由早期的老君、"三官"崇拜演变为神系、神阶明确的"三清""四御"信仰的历史事实，是中

中国著名石窟

国宋代道教雕刻最为精美的石窟。

洞窟中央大方柱正壁上层刻道教最高的神"三清"，中间是上清灵宝天尊端坐于三足夹轼之中；左边是玉清元始天尊，双手捧着如意；边为太清太上老君，左手抚膝，右手执扇。"三清"头戴莲花形束发冠，身着尖领道袍，面有三绺胡须，背衬火焰形背光，头顶悬圆形珠帘宝盖，盘膝端坐于束腰矩形莲台上。左右壁上层中部及下层内侧分刻"四御"。左壁上层中部是玉皇大帝。玉皇大帝又称"昊天金阙至尊玉皇大帝"，玉皇大帝像坐高 125 厘米，面露微笑，头戴冕旒，双手于胸前捧玉圭，端坐于双龙头靠背椅上。左右宫女各执日月宝扇，遮屏玉皇，俨然一副人间帝王的气派。

在窟之左右及后壁台基上方壁上，分六层刻有 360 尊应感天尊像，均呈立式，其冠服不一，姿态各异。在窟左右壁外侧窟门处，各直列浮雕有六个小圆龛。龛内刻狮、蟹、蜥蜴、马及人物等，这些图像象征的是黄道十二宫。

以"三清"为主的道教神系，今存如此系统造像，且集中多达五百余身，不但早期如四川各地所难见，晚期亦无匹敌，可说是最早的道教系统造像，具有重大的文物价值。就内容而言，是最完备而又系统地反映宋代道教神系的实物资料，有着极高的宗教、历史、艺术价值。

(2) 后土三圣母

后土圣母凤冠霞帔，足蹬朝靴，膝间垂吊金圈，端坐于双背四龙头靠椅上，头上悬八角形宝盖，宝盖上匾额刻"注生后土圣母"；主像左右侧各刻有一圣母，均头戴孔雀金钗，端坐于单背二龙头靠椅上，头上亦悬八角形宝盖；三圣母两侧，各立一双手持龙头吊拂尘的女侍者。龛左壁立"九天监生大神"，顶盔着甲护法；二供养人（出资镌造者）何正言、何浩父子并立于旁；龛右壁立"九天送生夫人"，金钗霞帔，飘带飞拂，二女供养人侍立。圣母是道教中掌阴阳生育、万物之美与大地山河之秀的女神，故民间香火尤盛。三

圣母面颊丰满，面目慈祥平和，不由得使人顿生亲切之感。

（四）石篆山石刻

1. 简介

石篆山位于大足县城龙岗镇西南 25 千米处的三驱镇佛惠村，海拔 444.6

米。据佛惠寺《严逊记碑》记载，造像开凿于北宋元丰五年至绍圣三年，崖面长约 130 米，高约 3—8 米，通编为 10 号。石篆山石刻是典型的释、道、儒"三教"合一造像区，在石窟中非常罕见。其中，第 6 号孔子龛，正壁刻中国大思想家、儒家创始人孔子坐像，两侧壁刻孔子

最著名的十大弟子。这在石窟造像中，实属凤毛麟角。第 7 号为三身佛龛。第 8 号为老君龛，正中凿中国道教创始人老子坐像，左右各立 7 尊真人、法师像。据造像记知，以上 3 龛造像均为大庄园主严逊出资开凿，同为当时著名雕刻匠师文惟简等雕造。从内容及艺术形式看，石篆山石刻道场气息甚浓，民间敬天地鬼神之俗甚多，可称是众神的祭坛。

2. 主要景点

（1）诃利帝母

诃利帝母称鬼子母、九子母。佛经记载她是王舍城外一位牧牛女，身怀有孕。因城中独觉佛出世，牧牛女被迫歌舞，致使小产，坠死胎儿。牧牛女悲愤发誓，来世要尽食城中人子。她死后与药叉长子半子迦结婚，生了五百个儿子，并且天天照誓言都要进王舍城偷食别人的小孩。释迦牟尼运用法力将她最心疼的小儿子藏了起来，她号哭求还。释迦牟尼教育她将心比心，想想别人失去孩子该多痛苦。于是她改邪归正，发誓愿保护天下的小孩，并愿为幼儿们提供一切帮助。

龛正壁主像诃利帝母，凤冠霞帔，冠带垂肩，面目秀丽，颈戴项链，身着广袖长服，飘带贴肩压臂垂身两侧，善跏趺坐宝宣台上，左手于身前抱一小孩坐左膝上，右手于胸前持一吉祥果，双脚着靴踏双孔方几。主像左右各立一侍女，头盘双髻斜垂于两耳，着对襟长裙服腰间系带束衣。右侍女之右壁，刻一乳母和两个小孩，乳母头绾两髻，两耳垂珰，身着开领广袖长服，袒胸露乳，双手正抱一小孩于怀中喂奶，小孩天真活泼，煞是可爱。

(2) 孔子及十哲龛

编为第 6 号，造于宋元祐三年（1088 年）。至圣文宣王孔子坐于龛正壁中央，头扎巾，正襟危坐，身着圆领广袖长服。腰束玉带，手持宝扇，脚着云头靴，踏于双孔方几上。孔子两侧各排列五弟子。并排而立，由内至外，左起分别是颜回、闵损、冉有、言偃、端木赐；右起分别是仲由、冉耕、宰我、冉求、卜商。十哲像皆头戴冠，身着圆领广袖长服，腰束玉带，双脚着云头靴。

孔子，名丘，字仲尼。据记载孔子是因其母求家旁的尼丘山之神而生他，或说是孔子生下来头顶如山丘，故名丘。又因孔子排行老二，古代习惯长子称"伯"或"孟"，次子称"仲"；"字"大都采用与"名"有关的文字，因其母祈祷于尼丘山，故取字"仲尼"。孔子青年时好学并设私塾讲学，中年曾仕官，后改志趣为修治诗书礼乐和教育，曾周游列国十四年，晚年专从事教育。史称他有弟子三千，其中精通六艺者达七十二人。本龛的十哲是他最得意的十个弟子。

在石窟艺术中，像石篆山第 6 号龛如此以整龛石雕的形式独刻孔子及弟子者，他处罕见，故可谓凤毛麟角。

(3) 地藏十殿阎王龛

地藏菩萨，作比丘装，头后发出两道毫光，毫光汇集成祥云，袒胸，胸下贴身着僧祇支，外着广袖袈裟，左腿盘于座上，

大足石刻

右腿弯曲下垂，足踏座下前并蒂莲上，左手置于腹前，右手结说法印。其左后立一比丘，身着圆领广袖服，手结至上菩提印；右后立一侍女，头束发髻，手持九环锡杖。

主像两侧前排坐十大冥王，左侧由里至外依次是阎罗天子、五官大王、宋帝大王、初江大王、秦广大王，侧立现报司官；右侧由里至外依次是变成大王、泰山大王、平等大王、都市大王、转轮大王，侧立速报司官。十王的后排立男、女侍者，或执戟，或捧文卷，或捧笏。牛头、马面鬼分立两侧。

十大冥王即十大阎王，是佛教传入中国后于唐代渐次形成的中国民俗信仰偶像。十大冥王不但能为死人减地狱刑罚，早得超生，而且活人也可预修生七斋，即还没有死就在阎王处造下了功德，死后不需经十殿阎王，历遍十八层地狱之熬煎就可超生转世。大足石窟中这类题材最早见于 10 世纪末，百余年后出现了此龛，但都以十王为主要题材，发展到 13 世纪，宝顶摩岩造像将十王及地狱一并刻出，全面展现十王信仰内容。

（五）石门山石刻

1. 简介

石门山位于大足县城龙岗镇东南 20 千米处的石马镇新胜村，因两巨石夹峙如门故而得名，海拔 374.1 米。造像开凿于北宋绍圣年间至南宋绍兴二十一年，崖面全长 71.8 米，崖高 3.4—5 米，通编为 16 号，其中造像 13 龛窟。题材主要为佛教和道教的人物故事，或仙或释、或诸鬼神，居于一区，皆玲珑万状，鬼斧神工，精妙绝伦。此外，尚存造像记 20 件，碑碣、题刻 8 件，培修记 6 件及文惟一、文居道、蹇忠进等工匠师镌名。

石门山石刻是大足石刻中规模最大的一处佛、道教结合石刻群，其中尤以道教题材诸窟的造像最具艺术特色。作品造型丰满，神态逼真，将神的威严气

质与人的生动神态巧妙结合，在中国石刻艺术中独树一帜。如第 2 号玉皇大帝
龛外的千里眼像，眼如铜铃，似能目及千里；顺风耳面貌丑怪，张耳作细听状；
二像肌肉丰健，版图筋脉显露，手法夸张。第 7 号独脚五通大帝，左脚独立于
一风火轮上，广额深目，口阔唇厚，袍带飞扬，有来去如风之势。第 10 号三皇
洞，现存造像 35 尊，儒雅清秀，衣纹折叠舒展，手法写实，"人味"多于"神
味"。第 12 号东岳大帝宝忏变相龛刻像 98 尊，以东岳大帝、淑明皇后居中，反
映出 10—13 世纪（宋代）东岳世家在道教神系中的突出地位。佛教题材主要有
药师佛龛、水月观音龛、释迦佛龛、十圣观音窟、孔雀明王经变窟、诃利帝母
龛等。其中尤以第 6 号十圣观音窟最为精美。

2. 主要景点

（1）玉皇大帝龛

此龛作品刻于南宋绍兴十七年（1147 年），编
为第 1 号。主像为玉皇大帝，头戴冕旒，身着皇
袍，手捧玉圭，气宇轩昂，善跏趺坐于金刚座上，
有似人间帝王高高在上。龛下刻千里眼、顺风耳二
像，均为 1.82 米。千里眼、顺风耳是为玉皇大帝察
访下界的民间俗神，在石窟造像中极为少见。千里
眼，头戴束发箍，面容清瘦，眼如铜铃，张目远
视，上身着护胸甲，手持法器。顺风耳，面目丑
怪，面部肌肉夸张，两耳上耸，侧耳细听，上身赤
裸，斜挂一带，手持一蛇状法器绕其颈。此二像面
相怪异，手腕戴镯，手臂赤裸，腰间玉带束护腰，
下身着兜巾，身体健壮，肌肉发达，强劲有力，经
胳血管凸起，手法极其夸张，给人勇不可挡之势。

玉皇大帝全称是"昊天金阙无上至尊自然妙有
弥罗至真玉皇上帝"，亦称"玄穹高上玉皇大帝"。
据记载，玉皇是光严妙乐国的王子，舍弃王位，于
普明得严山中学道修真，辅国救民，度化群生，历
三千二百劫后始证金仙，又经亿劫始证玉帝，传说
其总管三界、十方、四生、六道一切祸福，为总执

大足石刻

天道最崇高之神，玉皇为道教的"四御"之一，是仅次于三清的天帝。

（2）东岳夫妇龛

编为第 11 号，又称"东岳大生宝忏变相图"，正壁中央刻东岳夫妇，端坐于双龙头靠背椅上。东岳大帝面净无须，头戴翘角幞头，身着圆领蟒图朝服；淑明皇后凤冠霞帔，身着命服，外罩对襟长袍，慈眉善目，其左右各侍立一童子。

围绕主像身后及两侧，龛下部共刻人物形象 89 尊，或男或女，或老或少，或文或武，或凶神恶煞，或表情威严，或和蔼慈祥，或温文尔雅，或头束发髻，或头戴王冠，或头戴幞头，或双手持笏，或笼手于袖，形象姿态各异，决不雷同。它以东岳大帝、淑明皇后居中，反映出 10—13 世纪（宋代）东岳世家在道教神系中的突出地位，这对研究中国民间泰山神信仰的演变发展具有重要作用。

（3）三皇洞

编为第 10 号，高 3.01 米，宽 3.9 米，深 7.8 米。正壁刻天皇、地皇、人皇三皇主像。三皇头戴皇冠，垂香袋护耳，身着圆领广袖长服，双手于胸前捧玉圭，善跏趺坐于双龙头靠背椅上，表情庄严肃穆。三皇俨然人间帝王，气宇非凡。窟左壁造像，内容丰富，雕刻精美，分为上下两层。

上层刻二十八宿，或男或女，头束莲花高髻，面目清癯，目光炯炯有神，身着相交叠领广袖道袍，双手于胸前或捧如意，或捧朝笏，或持法器，或坐或立于祥云之上；下层刻七尊像，或文或武，表情各异。文者，儒雅清秀，衣纹折叠舒展，手法写实，"人味"多于"神味"。武者，身着铠甲，性情刚烈，完全是人间武将装束和打扮。窟右壁造像因岩壁垮塌，大多残毁，现仅存一尊武将像。

关于三皇，古籍中有多种说法。如有以伏羲、神农、燧人或伏羲、神农、祝融为三皇；道教则奉为天、地、人三皇，据《宝颜堂秘籍》载葛洪《枕中书》云："元始君经一劫乃一绝，太元母生天皇十三头，治三万六千岁，书为扶桑大帝东王公，吼曰元阳父。又生九生玄女，号曰太真西王母，是西汉末人。天后受号，十三头，后生地皇，地皇十一头。地皇生人皇九头，各治三万六千岁。圣真出见受道，天无为。建初混成，天任于令，所传三皇天文，是此所宣。"此窟应为道教三皇。

全窟人物众多，服饰多样，雕凿细腻，布列简繁得当，显出尊贵有序，真犹如见到了人间封建帝王的议事朝堂。

大足石刻

四、大足境内其他石刻

(一) 妙高山石刻

妙高山石刻位于大足县城西南偏南方向 37.5 千米处的季家镇，始建于南宋绍兴十四年（1144 年），重庆市文物保护单位。山上有庙，名"妙高庙"。妙高山造像系儒、释、道三教造像混存。共编为 8 号，造像 1 005 尊。

有石刻造像二处：一是佛洞造像，可分释迦造像、三教窟、阿罗汉窟、十一面观音窟、观音窟五组。其中有三窟，窟为平顶，中刻释迦佛座莲台，座下刻有蟠龙，两侧有阿难、迦叶夹侍，为佛教造像。左壁刻一坐像，宽衣博带，头梳高髻，口有胡须，两侧有侍者二人，系道教造像。右侧刻一坐像，戴冕垂旒，珠光闪烁，手捧圭，其侧有侍者二人，手拿笏，系儒教造像。二为猫耳洞造像，分七组。此处造像因风雨侵蚀，大多剥落，唯一尊观音坐像尚且完好无损。另山上有"忠诚堂诗碑"和"建玉皇阁记"两碑。

(二) 尖山子石刻

尖山子石刻，位于大足县宝山乡建角村西尖子山腰一独立巨石上，距大足县城 24 千米。始建于唐永徽元年（650 年），是大足石刻中凿造年代最久远的石刻，也是川东已知最早的石刻。崖面宽 12 米，高 8 米，共编为 9 号，造像 158 尊。岩壁上刻有栩栩如生的释迦说法龛、力士龛、阿弥陀佛龛、观音龛、弥勒说法龛等 100 余尊。虽然规模不大，但在大足石刻造像史上首开记录，为以后的大足石刻造像率先垂范奠定了基础，具有特别重要的地位和作用。

大足石刻

177

（三） 舒成岩石刻

舒成岩，古名云从岩，又名半边庙，位于大足县城北偏西 10 千米处的中敖镇。凿造于南宋绍兴十三年至二十三年间（1143—1153 年）。属于道教造像，共编 5 号，造像 426 尊。

（四） 圣水寺石窟

刻于中唐，共编 10 号，刻有千手观音、四大天王等十尊造像，规模不大，数量也不多，但它在大足石刻造像史上，却有继往开来、承上启下的作用。

（五） 千佛岩

千佛岩石刻因有千尊佛像而得名。距石篆山石刻 0.75 千米，明代造像，位于大足县城之西南 25 千米处的三驱镇千佛村，编为 10 号。规模宏伟，气势壮观，是全国明代最大的一处石窟造像。岩面刻有金光佛龛（内有十二金光佛、"忍"字碑、地藏像和不空绢索观音）、西方三圣像、八佛像龛、观无量寿佛经变像。8—10 号均为千佛壁。

中国著名石窟

五、境内其他风光景点

（一）龙水湖

龙水湖，位于大足龙水镇东南，玉龙山西北麓，距大足县城20千米，湖区面积8000多亩，蓄水量1500多万立方米，相当于4个杭州西湖。环湖游览一周，达36.5千米，既有太湖的烟波浩渺、西湖的水平如镜，又有桂林的明媚风光，蓬莱的神奇仙境。

湖内岛屿星罗棋布，形态各异，自然小岛108个，与梁山泊好汉一百单八将巧合，故有《水浒》英雄聚会之说，给龙水湖蒙上了神秘的色彩。岛上或松蔽天日，或桃李争芳；湖中鹤鸟野鸭嬉戏，舟子穿梭，相映成趣。漫步岛上，静怡脱俗；荡舟湖中，悠然自得，尽享天然野趣，饱尝回归自然之美。岛屿边沿，柳枝下垂，随风摆动，戏弄湖水，犹如仙女弯腰，渔翁垂钓。湖水清澈透明，掬一口湖心水，便能领略清泉神水甘甜的惬意。抬望西山，连天奇峰，列嶂耸翠，投影湖中，如水在山上，山在水中，山水相映，与长天一色，待落霞晚照，鹤鸭比翼，风姿绰约，令人心旷神怡。随着近年开发，花草树木郁郁葱葱，旅游环境日新月异，设施日臻完善。阳光普照的人造沙滩、惊险刺激的人造冲浪、高台滑水、高空速滑、水上摩托等游乐项目让中外游客流连忘返。

在龙水湖畔有著名的龙水湖温泉，井口水温达62℃，日出水量达6 000立方米。温泉富含多种有益于身体健康的矿物质，具有独特的养生、保健功能，是重庆西部地区最理想的温泉，深受专家和游客的好评。

（二）玉龙山森林公园

位于重庆大足县境东南边陲，华蓥山支脉巴岳山背斜地带，系国家级森林公园。公园

大足石刻

总面积 3 517.39 公顷。公园属亚热带湿润性季风气候区，常年平均气温 16.8℃，最高海拔 934 米。它与龙水湖紧相依偎，山水相映、山势险峻、山色奇特、竹海苍翠、松柏参天，森林覆盖率达 92％。

玉龙山国家森林公园旅游资源蕴藏丰富，自然景观和人文景观交相辉映，融山岭风光、奇峰异石、湖泊温泉、森林风光、珍稀植物、宗教文化遗址、摩崖石窟、地方特产等为一体，形成了品种多样、功能齐备的观光游览、康体疗养、娱乐休闲、科学考察、文化体育、商务会议等系列旅游资源体系。

园中生长着与恐龙同时代的"植物活化石"——桫椤树，珙桐、香樟、古楠、虬松、怪柏、奇石、青杠、梅竹、茶丛点缀其间；狐狸、刺猪、野猪、野兔、山鸡等野生动物活跃其间；云台寺、三清洞，人文气息浓郁，奇特而富有传奇色彩。

园内人文景观众多，有道教景观三清洞、天主教堂，有佛教圣地白云古刹、禅乐寺、皇烟寺、御封寺，带有浓厚的宗教文化色彩，让游客去领略佛教的虔诚，醒悟道家的玄机。有清末余蛮子反洋教起义遗址，剿匪烈士殉难处的真实故事，明朝正德皇帝下江南在御封寺后石壁上手书"天下第一山"，以及改"天台寺"为"皇烟寺"等优美动人的传说，给游人增添了几分情趣。

（三）石马天主教堂

位于距大足县城 15 千米的石马镇。教堂 1899 年动土，建成于清光绪三十年（1904 年），由法籍罗兰神父主持修建，距今已有百余年历史，是渝西地区最大的天主教堂。

石马天主教堂系法国哥特式教堂建筑，砖、木、石结构，占地面积 8 887 平方米，建筑面积 4 400 平方米，其垂直型框架结构给人以伟岸挺拔、高耸入云之感。教堂内水池、平房、木楼、地下室、来宾楼、楠木园齐备，庭院幽静，古树参天，是以传统北方四合院为主要建筑格局，中西合璧的建筑群落。殿堂正中上方塑有圣母、天神、耶稣等巨型身像；两侧墙壁挂有多幅记述耶稣为拯救人类钉在十字架上流血而死的彩色图片；堂顶望板上印有精美的麦穗、葡萄、玫瑰图案，象征着圣母在圣人圣女及诸天神中最可赞美。全堂装饰结构高雅，显得豪华、气派，十分壮观，步入其中不但能体验到古老的西方文化气息，更有一种森严、神圣之感。

教堂经历过数次修缮，至今保持完好，其中尤以钟楼、正经堂、圣母亭最为著名。教堂钟楼高 36 米，系天主教堂最高的标志性建筑物；正经堂，层高 18 米，面积 680 平方米，堂内气势恢弘，古朴典雅，系教友朝拜祈祷天主的主要场所；圣母亭是教友在此朝拜圣母，请祈圣母转求天主，赐给世人和睦平安之地。每年 4 月的复活节、5 月的降临节、8 月的圣母升天节、11 月的追思节和 12 月 25 日的圣诞节都会有中外客人来参加活动和观光。

大足石刻

181

六、大足境内风俗特色

（一）民风民俗

1. 宝顶香会

每年农历二月十九为观音菩萨诞生日，为香会正期，前后总共举办三天，县内外到宝顶烧子时香，旅游观光者甚多。

中国著名石窟

宝顶香会历史最久、声势最大，闻名遐迩。香客有散客，有团体（架香）。团体朝山结成架香团队，少者数十人，多者数百人，各身佩黄袋，腰围小黄裙，手持黄旗，流星开路，龙灯狮子前导，随后旗锣伞帐，九品香烛，圣驾天子，十八学士，十八罗汉，二十八宿，沿途吹打喧腾。每到一处寺院或城镇，引香师即领唱佛偈。进入宝顶大佛湾，亦由引香师领队，唱佛歌（佛偈子），随众手捧香，交午后，到圣寿寺狮子坝耍彩龙，游城，再到各殿最后，到山顶维摩朝（表示上"三十三天"）。每日架香团队少时十多个，多时百多个，常常排轮次等候至深夜。香客献彩送匾，许愿还愿，挂功果等个人活动亦非常拥挤。十九日夜半烧子时香，煤钱化纸无数，爆竹声震天。香会期间香山场四周摊棚林立，热闹至极，香客、商贩、乞丐各色人等云集，各州府县也有来此做生意的，买卖兴隆。演戏要把戏，比武打擂，竞赛狮舞彩灯，应有尽有。

宝顶香会为礼佛活动，也具有春游、夏游、秋游或娱乐、商贸性质，对大足经济文化民俗有相当大的影响。史彰《重开宝顶山碑记》云："闻前人言，山寺兴废，关系邑之盛衰，寺圣则民皆安堵，寺废则民尽逃散，如欲招集逃亡，宜先开宝顶。"现在宝顶香会期间的宝顶山石刻区，除了善男信女烧香拜佛以外，更成了世界各国人民旅游观光、进行文化交流、领略和欣赏世界文化遗产的胜地。

2. 龙舟赛

大足县民间一年一度的龙舟赛，都在龙水湖举行。每年参赛者都有来自四川、重庆的数十支队伍，规模宏大，气势壮观。岸上观看龙舟赛者，更是人山人海，热闹非凡，呐喊助威声，响彻云天。

3. 桃花会

大足民间三月的桃花会，在化龙乡举行。每年来观赏桃花的中外游客，络绎不绝，时间达一个月之久。

（二）大足美食

1. 宝顶冬尖

创始于清光绪六年（1880年）的"裕盛通"，迄今已有一百多年历史，其家传特产冬尖菜，早已驰名全国。民国年间，"裕盛通"的冬尖菜曾远销武汉、广州、上海等地，并在上海设铺经销，很有名气。据传民国时期，"裕盛通"雇人把装坛密封的冬尖菜从水路运往上海，船在靠岸时，无意中打破一坛冬尖菜，顿时一股浓郁的清香飘满全船，并随着江风飘向两岸，因而享有"十里香"的美称。

宝顶冬尖加工考究。严格遵循独特的传统工艺制作，选菜嫩壮，划菜做到"三刀四瓣"，旷野搭架晾菜，剪选嫩尖，井盐细揉，腌制不加香料，装坛密封，贮存两年以上，贮藏时间越久，质量越好。宝顶冬尖外观油浸发亮，呈油绿色，具有嫩、脆、鲜和清香浓郁、香味经久不散的特点，营养丰富，能增进食欲，具有开胃功能。用于炒肉、炖肉、烧汤、做面食点心等烹饪调味，鲜嫩可口，被称为"菜味精"。它既是家中常用的好菜，又是宾客宴席上的美味佳肴。

2. 笛女牌大曲酒

笛女大曲以大足宝顶山石刻"吹笛女"而命名。笛女大曲虽然距离五粮液的产地宜宾几百里，但在重庆市场上，在常饮中国名酒的外宾中，经常听到人们称赞笛女大曲的浓香扑鼻、回味悠长、香味无穷等方面与五粮液相近，称笛女大曲是重庆五粮液。

笛女大曲选用宝顶山涧清泉为酿造用水，以优质高粱为原料，用上等小麦自然培菌法制曲，采用泸州传统的浓香型曲酒生产工艺和人工培窖、新窖老熟、稳准配料、精心操作、匀适低温、多轮发酵、陶坛陈酿、精细勾兑等新的独特酿造程序精制而成。

1988 年，台湾著名作家琼瑶到大足参观石刻，品尝笛女大曲后，欣然命笔："其味也甘，其名也美，闻之欲醉，尝之欲仙。"现笛女大曲产量逐年增加，质量稳步提高，在全国多数省市享有声誉，因价廉物美成为各地抢手货。

3. 三驱田凉粉

大足县三驱镇河街居委田正华、唐吉英夫妇因卖豌豆凉粉而闻名于市内外，故得名田凉粉。田凉粉产于三驱镇，历史悠久，现有 100 余年的历史，可称之为田家几代人共同创造的绝活。田凉粉每年以一万公斤以上豌豆作原料，制作凉粉四千盆，八万碗左右，广州、泸州、成都、重庆、永川、大足等市内外客人颇为喜爱。

田凉粉以豌豆作原料，用其祖传秘方调制、搅拌而成，切成细丝，柔而不断，配上香油、椒油、芝麻、蒜泥、荷香、醋、酱油等十多种佐料，吃起来可口味香，回味无穷，能解酒、解闷，能打开你厌食的胃口，能使你疲惫的身体立即恢复体力，有延年益寿之功效，食之赞不绝口。

4. 三驱李甜粑

甜粑产于大足县三驱镇，距今已有80余年的历史，特别是三驱镇河街居委李顺儒、何琼夫妇制作的甜粑，远近闻名，故得名——李甜粑。李甜粑年耗原料糯米7500公斤左右，能制作甜粑12万个左右。

李甜粑以糯米为主要原料，配上大米、香料、芝麻、核桃、白糖、活粉碎子、菜油等多种作料，加之祖传秘方，制成甜粑，食之，香、甜、糯、嫩，回味无穷，能敲开你厌食之胃口，有提神，让人精神舒畅、愉快之功效！

5. 邮亭鲫鱼

堪称巴渝一绝的邮亭鲫鱼，风味独特，采用科学的烹调方法，在传统配方的基础上加以创新，将麻、辣、鲜、香融为一体，具有辣而不燥、麻辣并重、鲜嫩可口、回味悠久的特点，被中国商业联合会、重庆市人民政府命名为"地方风味名菜"。

在邮亭鲫鱼的发源地大足县邮亭镇，邮亭鲫鱼更是得到迅猛发展，在大邮公路沿线的邮亭水泥厂到公铁大桥之间，形成了邮亭鲫鱼一条街，经营户超过

大足石刻

了 20 户，从业人员近 100 人，不少外地食客慕名而来，专程来品尝正宗的邮亭鲫鱼。到大足来旅游的人，在宝顶、北山石刻一饱眼福之后，可到邮亭鲫鱼一条街大饱口福，该街上较著名的招牌有"刘三姐鲫鱼""杨门正宗鲫鱼""邮亭陈鲫鱼"等。

邮亭鲫鱼制作程序简便，配料考究，多达 10 余种。具有与重庆火锅相同的食法，但独具新意，弃之鲜油碟、干油碟，改放碎米花生、碎米榨菜、葱花等小调料。

（三）民间工艺

1. 历史悠久的竹编业

大足竹编，历史悠久，花色品种繁多，纺织工艺精湛。大足素有"竹编之乡"的美称，竹源丰富。当地竹编主要特点是篾薄、条细、柔软可折叠，产品种类丰富，图案精美。包括各种生活用具，还有特色小工艺品。早在明崇祯十六年（1643 年），大足申报《路孔河水灾》文中有"栖篾簟千家，无举火之厨"一语。簟即竹席，可见当时大足竹席已广为民用。

大足县常见的竹编制品，除大宗的青席、黄席外，还有晒席、斗席、围席、枕席、竹篮、竹囤、竹桌、竹椅、竹床、竹几、竹篓、竹包、竹扣、竹篼、竹帘、竹扒、竹笼、竹篆、竹罩、箩篼、提篼、背篼、鸳篼、筲箕、撮箕、簸箕、笔筒、蒸笼、锅盖、虾扒、亮罩、巴笼、刷把等，每一品种还分多种规格和花色。近年来，大足旅游业的发展，促进了竹编产品的不断创新，花色新颖，图案清晰，美观大方的多种图式花席、枕套、帐帘、门帘、蚊帐、画屏、提包和公文包等，篾薄、条细、柔软可折叠，携带轻便，颇受用户欢迎。

2. 龙水小五金

伴随着大足石刻的开凿而诞生的龙水小五金，已有上千年的历史。现在，龙水小五金有产品 12 门类，200 多个品种，2 000 多个规格型号，产品畅销全国及东南亚和欧美市场。较为著名的有卓字牌怀剪、飞天牌民用剪、万能指甲刀、金忠小刀等，以其小巧玲珑、精致美观，设计巧、钢火好，坚韧锋利、牢固结实著称。如今龙水镇已建成我国西南地区规模最大、最集中的五金专业市场，是名扬全国的五金之乡。

龙水小五金具有价廉物美、实用多能、经久耐用、钢火独到等特点，符合中国广大群众的消费观念。许多产品尤其适应广大农村及少数民族的使用习惯；怀剪及不锈钢炊餐用具等产品，也深受旅游者及城镇居民的喜爱，社会适应面比较广。随着社会的进步，人们生活需求的提高和对外贸易的扩大，龙水小五金在产量、品种、档次等方面都具有广阔的发展前景。

大足石刻

中国著名石窟